子どもが見ている背中

子どもが見ている背中

良心と抵抗の教育

野田正彰

岩波書店

はじめに

『させられる教育——思考途絶する教師たち』を『世界』に連載し、出版したのは二〇〇二年のことだった。

一九九九年二月、広島県東部の県立世羅高等学校で、「身分差別につながるおそれもある『君が代』の歌詞と、これまで学校で取り組んできた同和教育との整合性がない」として、「君が代」斉唱を拒んだ石川敏浩校長を、文部省から送り込まれてきた辰野裕一・広島県教育長らが自殺に追いやった。自民党、小渕政権、文部省は石川校長の死をまったく逆に利用し、故人の遺志を踏みにじり、「国旗、国歌が法律で定められていないから、板ばさみになった校長が死んだ」と偽って、国旗国歌法を決めていった。石川校長は命を奪われたうえ、さらに死をもって守ろうとした教育者の志も奪われた。それから、国旗・国歌の強制は北海道、東京都と一気に進んだ。教職員組合が抑圧されている県では、抵抗らしい抵抗もなかった。

この時、私は強制がいかに教育を歪《ゆが》めているか、もの言わぬ教師たちに代わって、伝えなければならないと思って、『させられる教育』を書いた。あれから僅《わず》か四年。しかし状況は、あまりにも激しく悪化した。再び広島県で、今度は民間人校長が自殺に追い込まれ、石川校長の自殺した時と同じく、故人の悲痛な想いは政治的に悪用されていった。多くの教師が自殺し、子どもたちの自殺も少なくない。公立学校は暴力による死と親しいものになってしまった。広島県の状況は、全国へ拡がっている。

今、学校教育は二つの軸で変えられている。ひとつは愛国心、国家主義へのイデオロギーの軸である。『心のノート』の配布、道徳教育の強要、宗教的情操の涵養《かんよう》の主張、日本の伝統なるものへの崇拝、愛国心の強要、「日の丸」のばらまきと「君が代」斉唱の強制、非合理的・神秘的なものへの畏敬《いけい》の念の強制などである。こうして思考、判断、批判を欠如した従順でかわいい日本人造りが進んでいる。

第二の軸は、競争と格差である。競争と言っても自由で創造的な競争ではなく、決められたゲームのうえでの競争でしかない。知識の限定された教科書の習熟競争、紙のテストでの点数競争が全国一律で進行している。無意味な点数化を可能にしているのが日本的情報化であり、パソコンは教師を統制するための道具として使用されている。人びとの経済格差はひどくなり、子どもたちの教育環境の格差も同時に進んでいる。

そして第一の軸と第二の軸に通底する現象は、人格の分裂である。教師はあらゆる強制に適応し、子どもたちは場面ごとに自分を装うのに巧みになっている。先生と生徒、子どもと子どもの人格的付き合いは乏しくなり、相手の求めに応じて答えるようになっている。人格の統合を軽視し、人格の分裂、しかも強《し》いられた分裂に葛藤さえ感じない人間を造っている。

こうして強権的に変えてきた、学校教育の現実を、法律によって確認し、さらに推し進めようとして、教育基本法改正案が国会に上程(二〇〇六年)された。政府の改正案も、民主党による改正案も、改正案と呼べるものではなく、かって基本法が作成されたとき議論を尽くして否定された考えをもう一度復活させようとしている。

教育基本法の柱は二本あり、第一は前文に書かれた、平和憲法の理想の実現はまず教育によって行うという主張である。にもかかわらず、最も重要な理念が換骨奪胎《かんこつだったい》され、「公共の精神」、「伝統の継承」、「我が国と郷土を愛する」といった言葉が詰め込まれた今回の改正案は、教育基本法の対極にあるものでしかない。

第二は、個人の確立である。教育基本法の前文では「個人の尊厳を重んじ」、「個性ゆたかな文化」と述べ、第一条(教育の目的)では、「個人の価値をたっとび」、「自主的精神に充ちた」と続け、そのうえさらに第二条(教育の方針)では「自発的精神を養い」と繰り返し強調している。ただし第一の主張に比べ、第二の重要性はそれほど知られていない。

ここまで個人の確立が謳《うた》われたのは、基本法を作成した教育刷新委員会での深い反省の議論を経たうえでのことであった。刷新委員会の全討論が公表されており、『教育刷新委員会・教育刷新審議会 会議録』(日本近代教育史料研究会編、全一三巻、岩波書店)で読むことができる。たとえば哲学者の務台理作委員(東京文理科大学長兼東京高等師範学校長)。

それからもう一つは人格の完成ということですが、そういう倫理的な言葉を使わないで、矢張り個人ということが大事だと思います。個人の尊厳とか、価値、そういうようなものを自覚さすようなこと、これは個人を犠牲にしないということをよく現わすことと思います。個人を一番犠牲にするのは、誤った精神主義じゃないかと思います。詰り学行一致とか、修練だとか言って学校にやたらに喰込んで行った、ああいう教育が非常な禍をしたと思います。個人を犠牲にせず、個人の自由というものを飽く迄尊重する、そういう精神が、教育の精神の基礎にならなければいけない。世界の平和と、個人の自由というものを飽く迄尊重するという精神、そういう精神に教育の理念が基く。これをどういう言葉で言ったらいいか、私にも見当がつかないのですが、兎に角それを見ることに依って、教育に関する者に実際に反省を促すような実感を持った言葉が要るのじゃないかと、こういうように考えております。

（第三回議事速記録）

私はこういうことを思いますが。公けに仕えるということは非常に大事なんです。併し殊に国際関係に立ったり、この非常な経済の難関を背負ったりして行くような為には、ただ精神的の公けに仕うということだけじゃいけない。もっと具体的に、近代的な意味で公けに仕えるということでなければならぬと思うのですが、本当に公けに仕える人間を作るには、やっぱり個人というものを一度確立出来るような段階を経なければならない。それが今迄日本に欠けていたのではないか。西洋なんかは、やはりルネッサンスで、前回もいわれたように個人というものを発見して確立した。それであゝいう革命なども起っておる。そういうものを経て近代国家が出来、所謂《いわゆる》近代的公けというものが成立したのですが、日本にはそういう西洋のような段階を歴史的に持っていない。遅れ馳せだけれどもやっぱり西洋のように、個人意識というものを確立するという順序を経て、公けに行かないと、又すぐ反動化する。公けに仕えるということで、非常に個人が縛られてしまうというようなことが起りはしないか。

（第五回議事速記録）

当時の日本を代表する学者、教育者のこれほどの議論を経て作られた教育基本法であることを知っているだろうか。そもそも教育基本法の作成過程は記録公表されているのに、今の政府案も民主党案も、誰が、どのような主張をしたのか、分からなくとも当然としている。改正案に貫かれているのは、粘土をこねるように国民を製造する教育観であり、個人の可能性を十分に開花させる責務が国家にあるという国家への規定ではない。

そのため、教師を今以上に文部科学省の手先に変えようとしている。教育基本法第一〇条（教育行政）では、「教育は、不当な支配に服することなく、国民全体に対し直接に責任を負つて行われるべきものである」とされているが、政府の改正案では「教育は、不当な支配に服することなく、この法律及び他の法律の定めるところにより行われるべきものであり」に変わっている。「国民全体に対し直接に責任を負う」、そんなことが容易に行い得るはずがない。国民全体が何を求めているか、その解釈は教育にたずさわる一人ひとり違っているだろう。にもかかわらず「国民全体に対し直接に責任を負う」と述べているのは、教育者の高い倫理と多様な考えを認めているからである。それを、愛国心や戦争を求める矛盾だらけの法律に閉じ込めようとしている。明らかに改訂案は教育基本法の改正案ではなく、基本思想が異なる上からの反革命案であると言える。

なお、石川校長の自殺を虚偽の宣伝によって国旗国歌法へ結びつけていったのと同じ手法が、より大がかりに教育基本法改正でも使われている。少年の凶悪犯罪が起こるのは教育基本法に「道徳心」や「公共の精神」が盛り込まれなかったからであるという、政治的煽動が行われている。それでは少年による殺人事件は戦後、確実に急激に減少してきたのをどう説明するのだろう。敗戦後しばらく、まだ教育勅語を叩き込まれた少年が多かったころ、凶悪事件が極めて多かった。愛国心や道徳心を教育の基本にせよと主張する人、たとえば森喜朗前総理は決して道徳的でない。彼は教育基本法で戦後教育を受けたため、学生時代の買春や、某新聞社への不正入社が問題にされたりするのか。小泉純一郎氏も教育基本法の精神にもとづき、働いていない会社から給与をもらったりするようになったのだろうか。それにしても誤った教育基本法なるもので教育されてきた彼らが、なぜ道徳心が分かるのか不思議である。

本書は、第Ⅰ章が『心のノート』批判、第Ⅱ章が一九九九年の世羅高校校長につづく民間人校長の自殺、第Ⅲ章が「君が代」伴奏強制の実態、つづく第Ⅳ章は東京都立高等学校の教師たちの良心の抵抗、第Ⅴ章は強制の教育がどれほど子どもたちに人格の分裂を強いているか、述べたものである。特に第Ⅲ章、第Ⅳ章は、私が前著で「君が代神経症」と呼んだ教師たちの苦悩について、総括したものである。二章を通して、教師たちがいかに真摯《しんし》に教育しているか、改めて知るだろう。

教育はするもの、してもらうものであり、させるものではない。教師たちに感謝し、気持ちよく働いてもらうようにしていくのが、学校をとりまく市民、政府文科省、教育委員会、校長の仕事である。子どもたちと共に生きる喜びがあれば、教師をいたぶる教育論が横行することはない。良心に基づいて抵抗する教師たちへの感謝をこめて、本書をまとめる。

二〇〇六年八月末

野田正彰

目　次

目次

装丁＝森　裕昌
カバーイラスト＝本村加代子

I

「心の教育」が学校を押しつぶす

「国旗」への跪拝《きはい》と「国歌」斉唱の強制に続いて、子どもたちへの国家主義的道徳の刷り込みが始まった。神戸児童連続殺傷事件を利用しスクールカウンセラー派遣の運動を行った河合隼雄氏は政府の高官となり、臨床心理で色づけされた道徳『心のノート』を全国の小中学生に配り、学習を強制するまでになった。それは教育基本法の無効化を前提に進行していった。

一九九八年の中教審答申が推進力に

伝統・文化の強調と道徳教育と心理主義が三位一体となって、児童・生徒の国家への統合が急激に進められている。三つの傾向――心理主義的ナショナリズムと呼ぶことにしよう――は以前から進められていたものの、三本を一体として教育政策とすると宣言したのは、一九九八年六月の中央教育審議会(中教審)答申「新しい時代を拓く心を育てるために――次世代を育てる心を失う危機」であった。

続いて答申を説明していくのだが、その前に文部省(現文部科学省)の文章は表題から日本語の体をなしていないことを指摘しておこう。副題の「次世代を育てる心を失う危機」とは何を意味するのか。

「次世代を育てる心」とは大人たちの心のことか。「育てる心」という表現はありえない。「心を失う危機」とは何か。精神的危機という概念はあるが、心を失うとは失神することなのか。ましてや「心を失う危機」とはどんな危機なのか、想像すらできない。通して「次世代を育てる心を失う危機」と読み直すと、頭がおかしくなってくる。「次世代の心を貧しくする危機状況」とでも言いたいのだろう。

さらに「新しい時代を拓く心を育てるため」の答申なのに、なぜ副題は「心を失う危機」なのか。もう少し正常な日本語を書ける人はいないのか。私は文部省や教育委員会関連の文章を読んでいるといつも、社会科学の研究者であるよりも、観念連合の弛緩《しかん》した病者の手紙を解読する精神科医の立場に連れ戻される。後述するが、このような非論理的文章を国家の政策文章として読まされると、社会は少しずつ狂気に傾く。重要な問題である。

さて、「新しい時代を拓く心を育てるために――次世代を育てる心を失う危機」と題する答申は、さらに副題に「幼児期からの心の教育の在り方について」と付け加えている。この答申の第四章が、学校教育についての提案となっている。「小学校以降の学校教育の役割を見直そう」の題のもとに、次のようになっている。

(2)　小学校以降の学校教育の役割を見直そう

ｉ）我が国の文化と伝統の価値について理解を深め、未来を拓く心を育てよう

(a)　我が国や郷土の伝統・文化の価値に目を開かせよう（説明略、以下同）

(b)　権利だけでなく、義務や自己責任についても十分指導しよう

(c)　よりよい社会や国づくりへの参加と国際貢献の大切さに気付かせよう

(d)　人の話を聞く姿勢や自分の考えを論理的に表現する能力を身に付けさせよう

(e)　科学に関する学習を生かし、驚きや自然への畏敬、未来への夢をはぐくもう

(f)　子どもたちに信頼され、心を育てることのできる先生を養成しよう

ii）道徳教育を見直し、よりよいものにしていこう――道徳の時間を有効に生かそう

(a)　道徳教育を充実しよう（以下、小項目略）

iii）カウンセリングを充実しよう

(a)　スクールカウンセラーに相談できる体制を充実しよう

(b)　スクールカウンセラーの養成の充実を図ろう

(c)　教員はカウンセリングマインドを身に付けよう

(d)　「心の居場所」としての保健室の役割を重視しよう

ここに伝統・文化の強調と道徳教育とカウンセリングが、一体となって重視されていることが

分かるだろう。それぞれを検討していこう。

「伝統・文化」は未来を拓かない

まず伝統・文化の強調について。

第一に提案の文章そのものが、非論理である。「我が国の文化と伝統の価値について理解を深め」ることが、「未来を拓く心を育て」ることにどのようにつながるのか、不明である。

そもそも「未来を拓く心」という言葉は曖昧《あいまい》であり、何を意味するのか、定義がない。分裂言語をあえて理解しようとすれば、「未来を拓く心」とは(b)から(e)までの、「義務や自己責任」、「よりよい社会や国づくりへの参加と国際貢献」の意欲、「人の話を聞く姿勢や自分の考えを論理的に表現する能力」、「自然への畏敬《いけい》」と言いたいのであろう。だがそれらを混ぜあわせれば、なぜ「未来を拓く心」になるのか、説明がない。

たとえば(e)の「科学に関する学習を生かし、驚きや自然への畏敬、未来への夢をはぐくもう」という文章、これがその前の(d)に述べる「自分の考えを論理的に表現する能力」を求める者の文章か。何についての「驚き」なのか、書いていない。「科学に関する学習を深め、自然現象について驚きや畏敬から、科学の発展への夢をはぐくもう」とでも、言いたいのであろう。これほど弛緩した文章が「論理的に表現する能力を身に付けさせよう」という文章に連続すると、読む側は知らず知らずに思考が混乱していくのである。

また「自然への畏敬」を抱くのは自由だが、アニミズム、多神教、神秘主義、神道に結びつく、非自然科学的な「畏敬」を強制してはならない。一部の科学者に「自然への畏敬」の念があるとしても、それはその科学者の情念の問題であり、科学的な思考ではない。

それでは、なぜ「我が国の文化と伝統の価値について理解を深め」ねばならないのか。

この中教審答申の第一章の冒頭で、「我が国は、継承すべき優れた文化や伝統的諸価値を持っている。誠実さや勤勉さ、互いを思いやって協調する『和の精神』、自然を畏敬し調和しようとする心、宗教的情操などは、我々の生活の中で大切にされてきた。そうした我が国の先人の努力、伝統や文化を誇りとしながら、これからの新しい時代を積極的に切り拓いていく日本人を育てていかなければならない」と主張されている。

この思考はあいかわらずの復古の思想に基づいている。いにしえに良きものがすべてである、という思想である。

「和の精神」を強調する人は、必ず聖徳太子が制定したと伝わる十七条憲法(六〇四年?)を拠《よりどころ》とする。そして「和を以て貴しと為す」だけを取り出すが、それは「詔《みことのり》を承りては必ず謹め」とセットになり、天皇を中心として豪族へ従順を説いている訓戒であったことを隠している。しかも官僚・豪族に「和の精神」がなかったが故に、道徳を説いたのであり、実現された伝統であったのではない。ここでもすり替えが行われている。

まず第一に、「我が国の文化と伝統を学ぶ」というような言葉が躍るとき、それが「日本の優い、「伝統と文化を学ぶ」と同じ言葉として使われていることに注意しなければならない。

いかなる文化も、ひとつのまとまりを持っている。様々に優れた面もあれば、病理的な面もある。文学、芸術、音楽、建築、宗教、生活文化など、部分的に洗練された文化を創っていても、欺瞞《ぎまん》に満ちた人間関係、抑圧的な政治システム、格差の激しい経済に閉ざされている文化もある。後者の否定的な部分も、その文化の一面である。いずれも密接にからみあっている。否定的な文化と優れていると見える文化との関連をとらえてこそ、全体としての文化の理解に到る。

調子のよいニュースや論説ばかり載せる新聞を読んで、今日の社会を知っていると思えるだろうか。同じく、日本の優れた文化を学ぶという主張は、巧言令色《こうげんれいしょく》以外聞かぬと言っているに等しい。

自惚《うぬぼ》れてはいけないという道徳があるのに、個人ではなく集団、とりわけ民族といった曖昧な集合の概念に主語が替わると、自惚れがなぜ最も望ましい徳目に変わるのか。自国の文化が優れていると思い込み、先入観から過去の文化を解釈し、飾りたてる。

このような自文化中心主義に陥れば、他の文化への関心は必ず低下し、既知の文化についても序列をつけて見るようになる。たとえば英米の文化を学んでコンプレックスを抱き、その反動として日本文化の独自性に気づき、日本文化への誇りからアジアの諸文化を知りもしないで後れたものと見なす。このような屈曲《くっきょく》のプロセスは福沢諭吉以来、多くの日本文化人がたどってきたところである。

第二に、日本の文化を学ぶことによって「民族のアイデンティティ」が確立されるといった、心理学的説明もされる。だが、アイデンティティ(自我同一性)とは個人の自我の統合機能についての概念であり、民族に自我同一性なるものはない。それは個人の心理の単なる比喩《ひゆ》でしかない。民族なるものは歴史的に造られてきたのにもかかわらず、もともとひとつのまとまりであるかのように扱われる。そこには言葉の偽計《ぎけい》がしくまれている。「民族のアイデンティティ」を確立するとは、アイデンティティを確立することではなく、「我が民族」を恣意的《しいてき》に決めつけようとすることにすぎない。

第三に、よく使われる「日本の伝統・文化を学ぶことが、国際化に通じる」という言回しに、なんの論理性もない。この中教審答申では「未来を拓く心」という情緒的な言葉へとつながり、意味不明であるが、(c)「よりよい社会や国づくりへの参加と国際貢献の大切さに気付かせよう」がいつもの言回しのつもりであろう。

身近な文化を知ることはよいことだが、ひとつの文化を知ったからといって、他の文化を理解することに直接つながりはしない。ましてや、自国の文化に誇りを持つことは他の文化理解と無関係である。誇りとは感情であり、情動であり、知性でない。自国文化への誇りは、むしろ他の文化への無関心や優越感——それは偏狭なナショナリズムであると言われたりするが——につながりやすい。

「外国へ行って日本の伝統・文化について質問され、答えられなかったので恥ずかしかった、だから日本の優れた文化を学ばねばならない」といった、生徒用の説得がよく使われている。だが恥ずかしいのは、身近な文化を知ろうともせず生きてきたその人個人であり、日本人としてではない。近くのアジア諸地域の基本的な文化を知らなければ、やはり恥ずべきである。外国を旅して、その地の歴史や文化に無関心ならば、反省すべきである。

「我が国の伝統・文化を学ぶことは、国際社会で生きていくために重要」といった奇妙な言回しは、すでに一五年以上前から「日の丸」掲揚・「君が代」斉唱の強制の説明として繰り返し使われてきた。たとえば「中学校学習指導要領・社会編」(一九九八年一二月)では、『国家間の相互の主権の尊重と協力』との関連で、国旗及び国歌の意義並びにそれらを相互に尊重することが国際的な儀礼であることを理解させ、それらを尊重する態度を育てるよう配慮すること」と書かれている。

この文章も例のごとく、何度読んでも意味不明である。「国旗・国歌の意義」については何も述べない。ところが「国際的な儀礼であること」という現象を並記する。意義は理解させられるかもしれないが、現象は知るものであって、理解するものではない。

いずれにせよ「国家間の相互の主権の尊重と協力」と、国旗・国歌を尊重する態度がどのように結びつくのか、わからない。国家間で主権を尊重するのに、ハタ・ウタが大事なら、国家を代表する者同士でやればよい。生徒が「日の丸」・「君が代」を尊重すれば、なぜ「国家間の相互の主権の尊重と協力」になるのか。もしそうであると言うのなら、戦前、あれほど「日の丸」・「君が代」にかしこまっていた日本人が「国家間の相互の主権の尊重と協力」を行っていたか。侵略戦争は「国家間の相互の主権の尊重と協力」のあらわれとでも言うのか。そもそも「日の丸」・「君が代」の歴史的役割について問題にすることが、国旗・国歌の意義といかに対立するのか。すべて、何もわからない。

この種の文章は、矛盾していればいるほど有難《ありがた》がる、戦前の日本的知性と通底している。死即生、絶対矛盾の自己同一のたぐいである。

臨済宗の学僧、市川白弦は戦時の「殺人刀即活人剣」、「一殺多生」、「悟りにおいては善悪不二」といった宗教的詭弁《きべん》を「即の論理」と呼んで批判している。矛盾は矛盾でない、無関連に見えるものは関連している、ただ粛々と実行するのみ、これが即の超論理であり、今また教育行政の文章に復活しつつある。

最初の中教審の文章にもどろう。「我が国の文化と伝統の価値について理解を深め」ることは、「未来を拓く心を育て」ることと関連はない。初等中等教育ではできるだけ明晰《めいせき》な言葉を使うように心掛けねばならないが、これらの文章は明晰の対極にある。こんな文章を読み、生徒や教師に喋《しゃべ》り、命令する者は、その順に頭がおかしくなっていき、退行していくのである。

『心のノート』が繰り広げる病理的道徳教育

次に、道徳教育の見直しについて。

見直しの第一歩として、二〇〇二年四月、全国のすべての小学生、中学生に『心のノート』なる本が配られている。総カラー、パステル調のこの本は、小学校一・二年用、三・四年用、五・六年用、そして中学校用の四種類。文部科学省(文科省)が七億二九八〇万円の予算で作り、趣旨は「道徳教育の充実を図る」と説明している。

ところがこの『心のノート』は「教科書ではなく、道徳の時間に活用される副読本や指導資料に代わるものでもなく、『心のノート』のみをもって道徳教育を行うというものでないことに留意」するようにとの、持って回ったただし書きが付記されている。ここにもまた思考の乱れがある。

実はこの本が文科省著作の「非合法国定教科書」であることは隠しようがないので、教科書でもない、副読本や指導資料でもないと弁明しているのであろう。それでも弁明どおりに受けとれば、何ものでもないノートになぜ国費を使うのか。

文科省はこう弁明しながら、七月初めには各都道府県教育委員会にあてて、配布状況について調査を行えと命じ、さらに後日、活用状況について調査すると脅迫している。文科省が常用するトリックである。こんな文科省のナイナイ本が作られるなら、次は〝教科書でもない、副読本でもない〟歴史や公民の国定教科書が配られるようになるだろう。

さて、私はこの本を使った最初の授業が、京都市の大宅小学校で六月二三日に行われると聞き、参観に行った。『心のノート』の作成協力者会議の座長は元京大教育学部教授であった河合隼雄氏（現文化庁長官、自公政府の政治家に他ならない）、作成の中心人物のひとりは京都市教育委員会出身で文部科学省教科調査官の柴原弘志氏。しかも桝本頼兼京都市長は市教育委員会総務あがりである。河合氏によるスクールカウンセラー派遣と道徳教育と伝統・文化の強調、つまり心理主義的ナショナリズムの実験場に京都市はなっている。かくして京都の小学校で、校長命令による『心のノート』道徳授業となったわけだ。

この日、道徳の授業を行っているどの先生も、させられているのであり、心此処《ここ》に在らずという表情だった。ある先生は、男の子と女の子の違いを生徒に述べさせた後、『心のノート』のなかの「友だちのよいところを見つけよう」の頁を開かせ、少しだけ書き込みをさせて終わった。

ある先生は、スカートをはいたスコットランドの男性の写真を見せて、男女の服装や外見について意見を聞いた後、『心のノート』の「学級の仲間は、どんな仲間かな？」の頁を一瞬開かせただけだった。いずれの授業も、何の授業なのかわからない。生徒の断片的な知識や意見を並列し、討論することなく終わり、唐突に『心のノート』の関連不明な頁を開かせて形式を繕《つくろ》ったのだった。こんなこじつけの授業を受けると、生徒の思考は発達を阻害され、論理性が低下する。学校教育公認の支離滅裂、社会化された支離滅裂へと訓練をしているようなものだ。

大宅小学校での保護者参観の道徳授業の翌週、河合氏はマスコミを招いて、京都の西陣中央小学校で道徳の「特別授業」を行った。マスコミ用の案内には、「河合隼雄文化庁長官が『心のせんせい』として、小学校六年生を対象に、『心のノート』を用いて道徳の授業を行う」とある。

「心のせんせい」とは何者か。スクールカウンセラーのところでは、「心の専門家」といういかがわしい尊称を枕詞に使い、「心の専門家」の教祖となった人は、ここでは「心のせんせい」の翁（神）を演じようとしている。

私は学者として参観を申し込んだが、マスコミしか入れないと断られた。河合氏は『週刊朝日』連載の「ココロの止まり木」（七月二六日）――ここでもココロ――で、この授業を自慢している。彼は『心のノート』五・六年用の「自分を見つけ　みがきをかけよう」の頁を教材に使い、自分のいいところが書けない子がいたので、「そこでふと思いついて、その子に立ってもらい」、他の子にその子のいいところを言ってもらって、おもしろかったと書いている。一九九八年の中教審委員、さらに『心のノート』の作成協力者会議座長になり、やりたかった授業を京都市教育長らのお付で行い、「ふと思いついて」授業展開を楽しめる人である。公開授業で徹底した準備を求められたり、あるいは週授業計画で授業内容の予定を書かされる「普通のせんせい」の心の強張《こわば》りは想像できないのであろう。「させる者」は「させられる者」に思いやりを持たない。

ここで『心のノート』の特色を三つ挙げておこう。第一の特色は、道徳の心理主義化による自己の分割である。第二に、「自分さがし」から家族愛、郷土愛、そして愛国心へ誘導していく、戦前から染み込んだナショナリズムの思考パターンに貫かれている。第三に、中学校用にみられる、編集者によって断片的に切り取られた有名人の言葉を羅列《られつ》し、生徒の思考を限定、貧困化させる傾向である。

まず第一の、最も重要な、道徳の心理主義化による自己の分割について。以下、主として中学校用を引用しながら分析していこう。

『心のノート』一・二年用の最初の頁には、「このノートは、あなたのこころをおおきくうつくしくしていくためのものです。こころのえいようをじょうずにとるためのヒント……」といった調子で、「こころ」が実体化されて述べられている。「こころ」の定義はなく、「こころのえいよう」といった心を物とみなす比喩であふれている(批判されたためか、二〇〇五年の補訂版ではこの文章を削っている)。自分のなかに心という物があると思い込ませたうえで、中学校用では冒頭から、「自分さがしの旅に出よう　カバンに希望をつめ込んで　風のうたに身をまかせ　自分づくりの旅に出よう」と呼びかける。

曖昧に心と自分を混同させたうえで、「私の自我像」を書き込むようになっている。「うらやましいと思うこと」、「自分に腹が立つこと」、「自分の好きなところ」、「自分の改めたいところ」などを書くように一覧表が置かれている。

続いて繰り返し繰り返し、心のスタイルに注意するように誘っていく。「心の姿勢」の頁では「街中で　大きな硝子《ガラス》窓に映った自分に気づいた。いつもまっすぐ胸を張って歩いているつもりなのに　なんだか　自信なさげにうつむきかげんに歩く私がそこにいた。髪型《かみがた》や服装、スタイルばかりが気になっていたけれど　自分の中身は、ぜんぜん気にもしなかった。――でも、この硝子窓には、私の心が映っているよう」といったふうに。一方では「心を形に表していこう」、

「T・P・Oを考えた言動ができているか？」、「礼儀には脈々と受け継がれている伝統的な意味があり価値がある」と畳み掛ける。

そこで子どもは何を求められているか、すぐ察知するであろう。自分を見つめ、よい自分と悪い自分を分割し、場面に応じてよい自分を装うこと。これが学校の先生の要求する「こころ」であることを、心から、知るであろう。何のことはない、これでは、現代の若者が得意とする、自分のなかに別の自分がいるといった、ファッションとなっている解離体験を推奨しているようなものである。

少年の「心のノート」

八〇年代より、日本の子どもは他の子どもとの深い交流を避け、表層の情報の交換を好み、周囲のT・P・Oに応じた行動をとる適応力を高めてきた。他者との摩擦をひどく恐れ、常に集団の動向に言動をあわせようとしている。『心のノート』の著者は現代っ子が「心を形に表して」いないと思い込んでいるようだが、むしろT・P・Oに応じた挨拶をするのは上手になっている。ただ自分ら勝手な言動をとっていると見えるのは、大人たちのT・P・Oとズレがあるからである。なお自分ら勝手と言ったのは、大人たちが自分勝手と否定する言動のほとんどが仲間集団に依拠した言動であるからである。心を形に表せないほど、現代っ子は恥ずかしがりではない。

日本の子どもは幼いときから、周囲への適応のみ上手になり、ひとりでいるときはビデオ、マンガ、アニメ、情報雑誌などとの接触を通して、自分だけのファンタジーを作る傾向にある。ひとりで膨らませた思考は、他者と対話することによって訂正され、豊かになり、交流可能な思考となっていく。だが自分が素朴に考えたことを周りに言うと、それは弱味を伝えることになるのではないか、いつの日にかいじめの材料にされるのではないか、と恐れる子どもは自閉思考をさまよったり、膨らませたりするだけである。

こうして子どもたちは過剰適応する自分と自閉思考に安らぐ自分を、巧みに素早くコード・スイッチング(切り替え)させながら生きるようになっている。大人たちから道徳を呼びかけられ、ボランティア活動を評価すると言われ、総合学習に取り組めと命じられれば、「別に……」(拒否もしません、好きでも嫌いでもありません)と応えながら、そこそこにこなす。だが適応への呼びかけが切れるとすぐ、ひとり笑いとひとり言のできる自閉思考の世界に遊ぶ。

このような切り替えの敏速さを表現した若者言葉に、「切れる」が数年前からある。「切れる」とはどういうことか。中学生たちは、「服が切れて、髪の毛が逆立って、威嚇《いかく》して、エラ呼吸しはじめてジャンプ」、「澄んだ目をしていて、口をきかない」、「ちょっと肘が当っただけで、一発殴って叫び出した」、「先生に怒られて、その先生の教科のノートをビリビリにしたり、黒板に〝死ね〟と大きく書いていた」と説明している(深谷昌志教授らによる調査、「キレる・ムカつく」『モノグラフ・中学生の世界』、ベネッセ教育研究所、一九九八年一二月)。明らかに現代日本の子ども文化として定着した「解離」が述べられている。

解離（あるいは転換性）障害とは、困難な葛藤に直面したとき、過去の記憶、自己同一性と直接的感覚の意識、身体運動のコントロールに関する統合が、部分的あるいは全面的に失われることをいう。子どもたちの「切れる」は解離に似ているが、異なるのはきわめて意識的な行為であることだ。「それは誤っている」、「いやだ」と言葉で表せないので、替わりに「切れる」ことが定型表現として認容されている。現代日本の子ども文化としての「解離」が「切れる」である。

精神障害としての解離――解離性健忘、遁走《とんそう》、昏迷《こんめい》、憑依《ひょうい》などと違った、若者ファッションとしての解離の言い訳は枚挙にいとまがない。一九九七年、神戸市で連続殺傷事件を起こした少年（一四歳）は、ノートに「懲役13年」と題して次のようにメモする。

1 （略）時にはそれが、自分の中に住んでいることもある……

「魔物」である。（略）

2 魔物は、俺の心の中から、外部からの攻撃を訴え、危機感をあおり、あたかも熟練された人形師が、音楽に合わせて人形に踊りをさせているかのように俺を操る。

それには、かつて自分だったモノの鬼神のごとき「絶対零度の狂気」を感じさせるのである。

とうてい、反論こそすれ抵抗などできようはずもない。

こうして俺は追いつめられてゆく。「自分の中」に……

しかし、敗北するわけではない。

行き詰まりの打開は方策ではなく、心の改革が根本である。

大多数の人たちは魔物を、心の中と同じように外見も怪物的だと思いがちであるが、事実は全くそれに反している。

3

通常、現実の魔物は、本当に普通な〝彼〟の兄弟や両親たち以上に普通に見えるし、実際、そのように振る舞う。

彼は、徳そのものが持っている内容以上の徳を持っているかの如く人に思わせてしまう……


ちょうど、蠟で作ったバラのつぼみや、プラスチックで出来た桃の方が、実物は不完全な形であったのに、俺たちの目にはより完璧に見え、バラのつぼみや桃はこういう風でなければならないと俺たちが思いこんでしまうように。

4

今まで生きてきた中で、〝敵〟とはほぼ当たり前の存在のように思える。

良き敵、悪い敵、愉快な敵、不愉快な敵、破滅させられそうになった敵。

しかし最近、このような敵はどれもとるに足りぬちっぽけな存在であることに気づいた。

そして一つの「答え」が俺の脳裏を駆けめぐった。

「人生において、最大の敵とは、自分自身なのである。」(略)

これが少年の本当の「心のノート」である。観念は弛緩して結び合わされているが、それでも中教審の文章ほども弛緩していない。蠟《ろう》で作ったバラのつぼみやプラスチックでできた桃がより完璧に見えると見抜く少年に、『心のノート』ごとき道徳の呼びかけが、何を伝えているか直観できないはずがない。

あるいは二〇〇〇年五月、バスジャック殺人事件を起こした佐賀市の少年(一七歳)は次のようにメモしている。一一歳のときから練った計画を実行すると言い、「僕の肉体は滅んでも精神だけは滅ばない」と叫ぶ少年はつぶやく。

何で僕はこんなことを書いているんだろう
さっき犯行声明文を出してきた
何か恐ろしいことを書いた気がする
僕は昔から怒ると何をするかわからないと言われたけど
最近はもう一人の別のが出てきた
そいつは、僕に恐ろしいことをすすめる
人を殺せ　人を殺せ
だれか僕を止めてください

もう止まらない　もう止まらない
父と母が少し気づいたようだ
僕が人を殺した時
自らの破滅によって　一生を終える
もう死ぬのか　人を殺すのか
今の僕は何なんだろうか

この二少年の「心のノート」によく表れているように、現代っ子は周りにうまく適応しようとしていけばいくほど、別の自分を創らなければ生きていかれなくなっている。河合氏らの作る『心のノート』は、他人の眼に映るよい自分と悪い自分を分類し、よい自分を形で表せとソフトに語りかける。時には「この学級に正義はあるか！」と二頁抜きの大活字で迫ってくる（中学校用九四〜九五頁）。だが子どもたちは、その程度の自分の整理は容易にやってのける。会社人間となった大人の眼、教育委員会に追従する校長とその校長に追従する先生の眼、集団に上手に適応している同級生たちの眼、それらの眼を自分の眼と置き替えて自分を見る、自分の悪いところを言う。そんなことは、現代子ども文化はプログラムずみである。

道徳の教育とは『心のノート』の方針とは反対に、社会に向かって自分を統合していくプロセスでなければならない。子どもは発達し成長していくにつれて、社会への疑問を持つ。大人の言動への批判をもとに、考え、友人や教師や家族と討論するなかで、言動に一貫性をもち、統合された自分を生きることの大切さ、快さを知るのである。

それなのに支離滅裂な文章を読まされる。頁と頁の文章内容が矛盾するだけでなく、同じ文章のなかでも虚偽が書かれている。たとえば中学校用(三八〜三九頁)に、「礼儀知らずは恥知らず?」、「忘れていないか? 大切なこと」と問いかけて、「礼儀には脈々と受け継がれている伝統的な意味があり価値がある。……礼儀とはそもそも、相手を人間として尊敬する気持ちの表れ」と決めつける。そんな面もあるが、尊敬とは異なる身分や地位を確認させる機能もある。すべての子どもがこんな言葉に騙《だま》されるほど愚かでない。それでも感心したふりをしなければならない。こうして自分の分割が強いられていくのである。

ここで意識的な自分の分割の例を、道徳の授業と『心のノート』が審議されていった衆議院文部科学委員会での、二〇〇一年六月一二日、杉原誠四郎参考人(武蔵野女子大教授)の駄目押し発言で確認しておこう。「道徳教育を受けて一番利益を得るのは、その子ども自身である」と述べたうえで、彼は、「そういう意味では、私自身も道徳的には破綻しておりますけれども、道徳を破綻した人間が道徳教育をして構わない。がんにかかった医者ががんを治して構わないんだ、そういうことで説明を、要するに、道徳教育は子どものためにやっているんだということを学校の父兄とか父母が、全員が知らなきゃいけないと思うのですね」と言っている。

がんと道徳の破綻が一緒にされている。これは河合氏らの臨床心理学——およそ病者の傍とい道徳教育である。

う意味での臨床ではない――に倣《なら》って言えば、臨床道徳教育学とでも言えばいいのか。病理的な

「あなたは国を愛しているか？」

第二の『心のノート』の特色は、自分さがしから家族愛、郷土愛、愛国心へ誘導していく陳腐《ちんぷ》な国家主義への思考展開である。自分の心をみつめてよい子になった私は「心と形のドッキング」ができており、家族を愛し、学校を愛し、ふるさとを愛するようになれば、愛国心に到る。「ふるさとを愛する気持ちをひとまわり広げると　それは日本を愛する気持ちにつながってくる」（中学校用一一四頁）――ここには論理の飛躍がある。ふるさとをすべての人々が持っていると仮定したとしても、そこに暮らしたふるさとと、国という概念の間には遠い距離がある。ふるさとには共に生きた感情が湧き起こるが、国家への愛情は国家を背景にして（利用して）生きる者にとってのことである。その国家が強大になればなるほど使命を感じ、権力と名誉と富を持てる者は愛国心を訴えるようになる。だがそれらと無縁な人々にとって、国は遠い抽象概念である。国家に棄てられ、騙され、殺されていった無数の人々のことも忘れてはならない。

続いて、「私たちが暮らすこの国を愛し　その発展を願う気持ちは、ごく自然なこと」と繰り返す。この本で注意しなければならないのは「自然なこと」が、異性への関心と同じように使われていることである。中学校用五二頁では、「好きな異性がいるのは自然」とか、「中学生で、好

きな異性や意識してしまう異性がいるのは……。むしろ自然な気持ち、大切にしたい気持ち」と述べている。その「自然な」が、国を愛する頁で再び何げなく使われる。

さらに文章は、「いま、しっかりと日本を知り、優れた伝統や文化に対する認識を新たにしよう。この国のすばらしさが見え、そのよさを受け継いでいこうとするとき……、この国を愛することが、世界を愛することにつながっていく」と結ばれる。すでに、伝統や文化を知ることが国際化につながるという超論理については批判した。愛国心を煽《あお》る者がいつも侵略を企ててきた歴史を振り返れば、「この国を愛す」から「世界を愛す」までには多数の論証が必要であることがわかるだろう。それをいきなり結びつけ、信じろと命ずるのは非理性である。この愛国心の頁は富士山、お月見、室生寺、北方四島を強調した日本列島の図を載せ、「美しい言葉がある　美しい四季がある　そして…」と結ばれている。

第三に、『心のノート』は断片的な名文句――編集者は名文句のつもりだろう――を羅列《られつ》し、短文で生徒を安易な感動に引き込もうとしている。いずれの文章も、その目的に使われている。たとえば、「義務心をもっていない自由は本当の自由ではない」夏目漱石、「自由は責任を意味する。だからこそ、たいていの人間は自由を怖《おそ》れる」バーナード＝ショー。文脈と切り離された短文は、夏目漱石の個人主義とも、バーナード＝ショーの社会批評ともほとんど関係がない。

なお、一九九八年の中教審答申の三つ目の柱、スクールカウンセラー派遣の詐術については、雑誌『ひと』(太郎次郎社、二〇〇〇年一月)の論文「つくられた〝心のバブル〟の時代」(その一部を後記1に収める)に書いたので、ここでは略す。簡単にまとめると、第一に、教科を教えるのは教師、心の相談はスクールカウンセラーといった二分は、教師を教科学習の技術者に貶《おとし》め、子どもから見た大人の人間像を分割させてしまう。第二に、カウンセリングは自ら求めて受けるものであり、指導という強要は許されない。第三に、子どもたちの問題がすべて心理的に捉えられると、子どもの社会への批判が阻害される。第四に、日本臨床心理士資格認定協会と文科省の関係は策謀に満ちている、などである。

若者の持つ社会への批判的な関心を、個人の心理に振り替える心理主義と、道徳教育、伝統・文化の強調は、学力論争の陰で着々と進んでいる。その一例が、京都市教育委員会におかれた京都市道徳教育振興市民会議による「道徳教育一万人市民アンケート」である。この市民会議は、座長の上に名誉座長なるものがおり、河合隼雄長官となっている。アンケートは河合名誉座長の発案で、「子ども・大人の日常生活における道徳観などの意識及び行動の実態を明らかに」すると宣伝している。

ところがアンケート用紙には道徳という字はなく、「毎日の生活でのことについて」と題をつけ、「これは、みなさんの毎日の学校や家での生活や、生きていく上で大切なことについて、みなさんの思っていることを聞くものです」と説明している。「児童・生徒用」(六五問)と「大人用」(八八問)の二種がある。質問(生徒用)は次のようになっており、「いつもそうしている」から「わからない」まで五段階で答える。

「あなたは、伝統行事(昔から続いているお祭りや行事)などに参加するようにしていますか」

「あなたは、京都の文化財や伝統行事を、大切に守るようにしていますか」

「あなたは、先祖のお墓まいりに行くようにしていますか」(亡くなった親族と書かず、先祖と書いている。事情があって親から先祖を教えられていない子どもは差別を感じるだろう)

「あなたは、自分の髪の毛を染めることがありますか」

「あなたは、自分の国を愛する気持ちを持つことがありますか」などが続く。


大人用についても、同じ文章が入っている。しかもこのアンケート、準強制である。教育委員会から各校長に命じられ、各校では生徒用、大人用ともに「三〇部以上を回収してください」と文書に明記されている。

いよいよ「国を愛しているか」、「伝統を大切にしているか」、尋ねられる時代になった。どんな国なのか、国とは何か、どんな伝統なのか、疑問を抱くことは許されない。民衆の抑圧と他国の侵略の歴史は意図的に忘却され、今ある社会病理も無視される。虚仮《こけ》の伝統は家族の和、学校の和、郷土の和を唱和させる。学力低下論争に隠されて、文化と教育が一体となって、国家主義へ進んでいる。

（後記1）

求められている政策は、幼いときから人と人との関係を楽しめる文化を創ることであり、また子どもたちの興味・関心が尊重され、何かをしたいという動機がもっとも大切にされる教育制度への変革である。しかし現状は逆の方向に動いている。

その歪んだ政策のひとつがスクールカウンセラーの速成と派遣である。

スクールカウンセラーを特定の公立小・中・高等学校へ派遣する「スクールカウンセラー活用調査研究委託」という奇妙な名称――なぜ派遣事業といわないのか――の教育事業は九五年より始まった。それはいじめ・不登校・自殺・暴行傷害殺人などに対処しようとする文部省と、臨床心理士の職域を拡大しようとする一部の臨床心理学者の思惑によって作られている。この委託事業では「スクールカウンセラーは『財団法人日本臨床心理士資格認定協会』の認定に係る臨床心理士、精神科医、心理学系の大学教授などから選考」となっており、まず認定協会の認定臨床心理士、と明記している。勤務は週二回・四時間ずつか、週一回・八時間などとされており、目的は「児童生徒へのカウンセリング、教員・保護者への助言などを行うことによる効果についての調査研究」とされている。

この事業が「調査研究」とは異なるものであることは、九五年以降、毎年の予算の急増をみても分かる。九五年は三億円だったのが、九九年は三四億円ほど、一五五四校への派遣となっている。国の予算に対応して都道府県が上乗せする予算を加えると、カウンセリング関連予算はその何倍になるだろうか。すでに調査研究ではなく、教育行政として実施されている。

この予算について審議された九九年七月五日の参議院・決算委員会では、民主党の木俣佳丈議員と政府委員（文部省・初等中等教育局長）の辻村哲夫氏による、予算増についての掛けあい讃美が行われている。

木俣議員　「すべての子供がスクールカウンセラーに相談できる機会を設けるようにという答申が出ましたの

で、どのようなスピードでこれを予算化していくのか」

辻村局長 「学校からのニーズは大変高いものがございますので、私どもとしては、これまでの成果を見ますと大変高い成果を上げておりますので、広めていきたいという気持ちは持っております」

（国会速記録より）

〈注〉答申とは、中央教育審議会「幼児期からの心の教育の在り方について」答申、一九九八年。

何が成果なのか、これではわからない。調査研究と言いながら、辻村局長の成果の説明では、生徒についての実証的な研究結果はまったく陳べられない。事業目的の第一に「生徒へのカウンセリング」を謳っておきながら、局長は、先生が助言を受け生徒への対応に自信ができた、保護者が相談を受けられる、児童相談所などの学校外との連携ができるようになった、この三つを挙げている。

スクールカウンセラーを特集している『文部時報』（九九年二月号）を読んでも同じである。ここでも「成果」の項目では学校・教員・保護者・外部との連携がほとんどで、生徒についてはほんのわずか（分量にして一割）しか触れられていない。そのためか、近辺でスクールカウンセリングに行っている人に尋ねると、教員の相談にのる仕事と思い込んでいる。これほどにもいい加減である。

教員の相談に外部の人がのるのは、かならずしも悪いことでない。だが、それがカウンセラーの主たる業務としたら、国会での趣旨説明と違う。また、なぜそれが臨床心理士でなければならないのか、教員（公務員）のカウンセリングのために国の予算を使わねばならないのか、論議されていない。

調査研究と銘を打ちながら、まともな研究が行われているわけでない。その報告書は事業を行った各教育委員会から出されているが、いつの間にか「スクールカウンセラーモデル事業」と名称がすり替えられ、成果の判定は各学校長を通して行った教師への簡単なアンケート調査によっている（以下、SCとはスクールカウンセラー）。「SCの存在は、学校にとって有意義である」、「SCは学校の事情を理解しようとしている」、「SCは学校にとって必要な存在だと思う」、「より多くの学校にSCを派遣した方がいい」などなど、愚にもつかぬ誘導質問をして、その点数が高かったから、高い評価を得ていると結論づけている。研究のデザインがあるのでもなく、対照例がとられているのでもなく、研究者によって事例研究が行われているのでもない。

(後記2)

『心のノート』の問題と、スクールカウンセラーの問題は、本文でも述べたように関連している。さらに、そこにはメディアの関わり方の問題もあると考えているので、そのことについて、ここで述べておこう。

なお朝日新聞社も毎日新聞社も、そして岩波書店も、河合隼雄氏を教育、文化領域のビッグマンとして担ぎ上げるインタビュー記事を載せたり、全面広告の宣伝マンに使っている。個性とか、自由とか、考える力とか、文化力とか、いずれも口当たりのいい言葉を乱用しているが、読んだ後に、うさんくささと空虚感が残る。というのも、河合氏は相手に応じて言うことを巧みに変えるからではないのか。

彼は二〇〇〇年一月、小渕首相(当時)の私的諮問機関「21世紀日本の構想」懇談会の座長として報告書をまとめ、「国家にとって教育とは一つの統治行為であり、国民に対して一定限度の共通の知識、あるいは認識能力を持つことを要求する権利をもつ」とか、「国民が一定の認識能力を身につけることが国家への義務である」とまで言っている。権利と義務がまったく逆転して使われている。

この構想をまとめた座長として、二〇〇一年一一月一二日、自民党の国会議員を前にした「国家戦略本部——21世紀日本の構想」の講演(国家戦略本部のホームページで公表されている)では次のようにも言っている。

「道徳と宗教がすごく大事になるんじゃないかと思っています。ただ、そのことを、ご存じのように、あの報告書には意図的に書きませんでした。なぜかといいますと、……宗教とか道徳のことを政府が言うと、どんなにいいこと言ったって、ジャーナリズムは全部反対するんです。ジャーナリズムが全部反対したら、国民は全部それに同調しますから、言うだけ損みたいなものなんです。いいことを言えば言うほど反対されますから。ほんとなんです。だから、そのことは抜いておこう」

「今、実は私は、京都で道徳教育振興会か何かの座長をしてまして、文部科学省では心のノートというのを考えてるんですが、それをつくるほうの座長もしてます。……ただ、これを極端に政府がとか、総理大臣がという言い方をすると、絶対反対されると思いますけど、上手に持っていけばできるのではないか。そういうことを考えるのが我々学者といいますか、そういうものの役割だと思っています」

こうして文部科学省著作『心のノート』が印刷され、小・中学校教師に愛国心道徳を強要している。河合氏を持ち上げるジャーナリズムを、河合氏は「どんなにいいこと言ったって、全部反対する」と言って政治家に媚びているのである。そして、「我々学者が上手にやるからまかせておけ」と言ってはばからない。新聞社や出版社は、河合氏の言説を喧伝し続けている。二〇〇五年の日本新聞協会による「新聞大会」では河合氏を招き、講演「文化力で支え合いの社会を創る」を開いている。全国の新聞は政府の長官にうまく騙されることに決めているのだろうか。読者は河合氏とマスコミによって、どこへ連れていかれようとしているのか。

Ⅱ 「民間人校長」は、なぜ自殺したのか

一九九九年二月に広島県立世羅高校の石川敏浩校長が自殺してから四年。今度は、尾道市立高須小学校の民間人校長が自殺した。四年前と同じく、当事者である広島県教育委員会は専門家による客観的な調査に委ねることなく、一面的な報告書を出した。そのため結論は、前もって決まっていたかのように今回も同じであった。「校長権限が制約されており、今後も校長権限に基づく学校運営を指導していく」と結んでいる。

だが、報告書には明らかに嘘《うそ》がある。就任して一カ月半もたっていない二〇〇二年五月一三日、「慶徳和宏元校長は今後の学校運営の不安と心労が重なり、病院で診察を受けた結果、情緒不安定であり、休ませてほしいと市教育委員会職員に相談している」、ところが「がんばっていただきたい旨を伝えたところ、慶徳校長は理解され」と書いている。これは慶徳校長死亡の三日後にあった尾道市議会予算委員会での市教委の説明を繰り返している。その後の記者会見でも、県教委教職員課長は「明らかに病気になって、診断書が出てくれれば休ませることになる」と答え、そうでなかったと否定している。

それに対して私は、前銀行副支店長として長年勤務してきた人が、自分のことを情緒不安定と呼び、診断書も出さずに「休ませてほしい」と言うはずがないと指摘した。後日、各新聞社に追及されて、「報告書や会見ではプライバシーに配慮し情緒不安定とした。病院で中程度のうつ状況と説明を受けていた」と疾患を認識していたことを認めている(毎日新聞六月二二日)。「うつ状態」よりも「情緒不安定」が、プライバシーを配慮することになりはしない。

こうして精神医学用語に無知なるが故に、「明らかに病気になって」いるとは知らなかったという嘘は露見したにもかかわらず、なお診断書は出ていないと、次の嘘を保持している。だが身近な人たちの話によれば、慶徳さんは五月一三日午前一一時、市教委の教育長に会った後、精神科を受診し、抑うつ状態で一カ月の休養を要すとの診断書を受け取り、再度教育長らに会って休職を求めたが、聞き入れられず、抑うつ状態の診断は秘密扱いにされたという。そもそも、これまで管理職にあった人が診断書もなしに長期間休めると思うはずがない。また校長から休職を求められた場合、上司は診断書を求めるのが常識であろう。その後慶徳校長は、抗うつ剤や睡眠導入剤をのみ続けても疲弊と無力感が増大する、悪循環に陥った。

いかに通達と命令による教育行政がすさまじいかは、尾道市教委が二〇〇二年度学校へ通達した文書が一五六七件、うち約三七〇件について報告を求めた、と答えていることからも分かる。校長・教頭は文書によって動く教育委員会の手下と見なされ、教師は「書類さえ上手に書けば、授業などどうでもいいのか」とうめいている。通達文書に振り回され、超過勤務時間も増え、同校の教頭の超過勤務は八月の一〇〇時間を除き、月平均一七六時間にもなる。慶徳校長もそれに近い勤務を強いられていたことであろう。こうして慶徳さんは自殺し、教頭は心筋梗塞《こうそく》に倒れた。

厚生労働省は二〇〇二年二月、「過重労働による健康障害防止のための総合対策について」通達し、月一〇〇時間を超える時間外労働を行わせた場合は脳・心臓疾患の発症との関連が強いと判断し、過重労働による疾病が発生した場合、「司法処分を含めて厳正に対処する」と言っている。一年間すべての月で一〇〇時間を超える超過勤務は犯罪の犯罪である。そのうえ、本人の病気を認めず、県教育委員会報告および市教育委員会報告の公文書において病名の認知を隠し、マスコミに嘘を言い続けたことは証拠隠滅に当たる。しかも、自殺の原因の一つに、教員による校長批判をあげ、多数の教員を転校させたことは、権力犯罪である。教育行政の退廃を直視することなしに、教育改革はあり得ないことを事件は教えている。

民間人校長の死

二〇〇三年三月九日午後一時前後、海辺の街、広島県尾道市立高須小学校で校長が自殺した。自殺した慶徳和宏校長(五六歳)は、教員免許がなくても校長になれるように定めた、学校教育法施行規則の改正(二〇〇〇年四月)のもと、二〇〇二年の春、広島銀行東京支店副支店長から学校長に転職した、いわゆる「民間人校長」である。

私はこの知らせを受け、葬儀のあった一二日の午後、尾道市議会予算委員会で開かれた校長自殺問題についての審議を傍聴しにいった。市議会では何の根拠もなく、教員に問題があったと決めつけ、保守派議員が教育長らに質問していた。事実が冷静に調べられる前に、すでに事件の政略的解釈が始まっていた。

前高等学校校長であったという山崎建郎・尾道市教育長は、質問に坦々《たんたん》と答えていた。私はこのやりとりを聞きながら、なぜ学校長という異分野の仕事をあえて選んだ慶徳さんの初心を理解しようとしないのか、理解したうえでその挫折を追っていかないのか、もどかしさを感じた。

そこで委員会が終わるとすぐ、山崎教育長に、「慶徳校長はどんな学校をつくりたいと言っていましたか」と尋ねた。

「子どもが学校に来るのが楽しい、行かせたいという学校をつくりたいと」

私はこのあまりに幼稚で紋切り型の学校像を訝《いぶか》しく思い、「先生(＝山崎教育長)に伝えたんですね」と問い直した。

「直接は聞いていないですが……」

これが実態である。期待していた民間人校長を任命した市教育長は、その重職を選んだ人と直接話し合ったこともなかったのである。このやりとりは、テレビニュースでそのまま放映された(中国放送「精神科医が見た自殺の現場――尾道民間人校長自殺問題」、二〇〇三年三月一四日)。

なぜ前任の校長が処分されるのか

高須小学校(児童七一六名、教職員三四名)は一三〇年の歴史のある学校だが、丘を切り開いた高台に移転して、校舎も新しい。

その校舎の広い玄関の真横、そのまま視線を右にずらせば明視せざるをえない一階の壁面に、体をさらして民間人校長は縊死《いし》していたという。建物の端にある外部階段の手摺に紐をかけていた。体を階段におかず、校舎にぶらさがる形で死んだのは、よほど苦しい思いがあったのであろう。その日は日曜日、休みも取らずに出勤した慶徳さんは父母たちと花壇づくりをした後、ほんのわずか姿を消していた。保護者が見つけたことになっているが、野球をしに来ていた生徒も見ていたのではないだろうか。

民間人校長とはいえ、教育職にこの一年たずさわった者の異様な死に方を聞いて私は驚き、体は階段の側にあったのではないかと警察に問い合わせたが、やはりその通りだった。

予算委員会での下﨑邦明・尾道市教育委員会教職員課長の答弁も気になった。慶徳さんは前年の三月二五日と二八日、就任直前になって二日間だけの研修を受け、児童数の多い高須小に赴任している。それがはや五月一三日(苦しさを耐えた翌月曜日)、「病院で診察を受けた結果、情緒不安定であり、休ませてほしい」と尾道市教育委員会に申し出たという。

私はこれを聞いて、何か隠しているのでは、と疑った。年配の職業人が、雇用者に対して、自分自身を「情緒不安定」と言うだろうか。また、精神科専門医は「情緒不安定」といった情緒的な言葉をまず使わない。精神科医が診察し、その診察を根拠に本人が休みたいと申し出たのなら、診断書が出ているはずである。診断書には、「抑うつ状態」か「心因性うつ病」といった精神医学的用語が書かれているはずだ。

情緒不安定という一般的な言葉は、第三者がある人を評して使う言葉である。診断書を慶徳校長は提出したのに、市教育委員会はうやむやにして受理せず、今になって彼ら素人の言葉で「情緒不安定」と呼んでいるのではないのだろうか。

私はそんな疑問を抱きながら、経過を見ていた。広島県教育委員会（県教委）は、四月一一日、口頭で簡単な中間報告を発表した。自殺の理由の一つに、「日の丸・君が代」をめぐる教員との対立が悩みとなっていた可能性があると、あえて述べ立てた。

しかし、そこで唯一挙げている出来事がある。二〇〇二年五月、尾道市教育委員会（市教委）が運動会において「開会式で国旗掲揚、注目の指示（児童生徒には国旗に注目の指示をする。教職員も注目する）。国歌演奏に合わせて国旗の掲揚。元の姿勢に戻る指示」なる命令を出した。前年通りに「国旗掲揚、国歌斉唱」といった語句なしで運動会パンフレットを印刷していた慶徳校長は困惑して、市教委職員に「刷り直さないといけないか」と尋ね、市教委より「刷り直す必要はない」と言われた。これだけである。

このことをとり上げて、県教委は「教員が校務を妨害した」と主張しようとしていた。だが校長が原稿を見て印刷に回したパンフレットであり、市教委も了解している。この出来事をもって妨害とはけっして言えない。それに気づいたのか、県教委と市教委は一カ月後の五月九日、長文の報告書をそれぞれ発表するとともに、きわめて狡猾《こうかつ》な処分を行った。

「尾道市立高須小学校問題調査結果について」(両教育委員会とも同じ題名)と題する両報告書については、以下に何度か引用、批判していくが、その前に処分について見てみよう。

まず両教育委員会は常盤豊・県教育長と山崎・市教育長を戒告、両教育委員会の部課長ら六人を文書訓告の処分にした。学校運営に不慣れな校長への支援が不十分だったという理由である。自殺後すぐ、民間人が校長になるための研修がわずか二日であったと報道されたこともあり、責任追及をかわすために採ったのであろう。役所が採る常套《じょうとう》手段である。それではなぜ、「学校運営に不慣れ」なのはわかっている民間人を校長として送り込んだのか、十分に説明すべきであるが、何もない。

そのうえで、もう一人を処分した。なんと前任の校長、自殺が起きる一年前の校長を文書訓告にしたのである。理由は教職員との関係に問題を残したというものである。教職員といっても二〇〇二年四月に異動があり、変わっているのにかかわらず、「尾道市立高須小学校教職員」という固定された集合体があるかのように、県教育長は決めつけている。

県教委はこの教職員との関係について、「校長権限が制約され、適切な校務運営組織が整備されていなかった」のは前任の校長の責任であり、自殺した校長の学校運営に支障をきたす一因となったとしている。校長の言う通りになる奴隷教師をつくっていなかった、よって処分するというのである。

県教委報告書は教職員の非を印象づけようと、自殺へ到る道程と無関係なことを延々と書き連ねている。だが、もともと民間人校長の配置に抵抗できる教職員がいるような学校へ彼を送り込んでいるはずはなく、具体的に校長のリーダーシップを阻止した出来事を何ひとつ拾えていない。そこで「結果としては市教育委員会の指示した事柄が実現されている」と書かざるをえなかった。それゆえに、前校長を処分することで間接的に、高須小学校の教職員はひどい集団だと、世間に思い込ませようと謀《はか》ったのである。

すでに県教委の奴隷となっている前校長には何の抵抗もできない、それを当然として、自殺に追い詰めた者たち――私はその事実を慶徳さんと親しかった方(妻、教員)から聞いて知っている――が、傍らにいた無力な前校長を蹴飛ばして注目させたのである。なんという奇策か。

「何もわからない」

それでは慶徳校長はなぜ自殺したのか。私が確証を得た範囲で経過を述べよう。

広島銀行から慶徳さんが校長職に移るよう言われたのは、急なことであった。彼はそんなに子どもが好きな人ではない。応募にあたって提出したレポート「わたしの学校経営」にも、「学校経営に関して特段の関心を持ったことはない」と書いている。その通り、彼がいかに文部科学省が進めてきた学校行政に無知であったかは、同じレポートに、育成する人材の目標として「自己の意見が主張できる主体性、現状を変革し、新しいものを創る企画・創造力」などと書いているところを見てもわかる。自己の意見が主張できる主体性を持った生徒と教師を抑圧するために、あらゆる手段を行使してきたのが、一九八五年以降の教育行政だったからである。

そんな慶徳さんだったが、三一年間勤めた広島銀行から校長職へ推薦された。県教委は広島県商工会議所など三経済団体を通じて、企業から推薦を要請していた。保守政治家との結びつきを強めた広島県教委と、地元金融機関の長である広島銀行の意向。一方、五六歳の副支店長職は関連会社への出向やリストラの対象者である。慶徳さんには断る余地は少なかったのではないか。

それでも、家から通える近いところ、小規模校、問題のない学校という条件を県教委に出し、そうでなければ断ってもよいとの話だった。だが家から車で九〇分ほどかかる尾道の、規模の大きい小学校への配属を告げられたのは、記者会見の前日。断ろうにも断れなかった。家から無理なく通えるところ、小規模校への配転希望を、その後も彼は持ち続け、次年度の転勤を市教委に希望していた。

こうして慶徳さんは高須小学校に勤めることになった。銀行マンとして身につけた組織への適応性から、慶徳さんはそれでも校長職をなんとかこなそうとしていた。

だが、彼は学校文化がまったくわからない。珍奇な教育用語がわからない。教育委員会から送られてくる多数の書類——後日、同校の教員が調べただけで年間一〇三種の提出書類(二一世紀の学校づくり推進事業実施計画書、道徳の時間の実施状況について、運動会における国旗・国歌に係わる取り組み状況調査、「心のノート」の指導計画、学校長印の使用状況等について、尾道人権教育研究会加入者名簿の提出等々……)が要求されていた——をどう書いていいかわからない。

教員から質問、批判があると、「私は素人なのでわかりません」と答えるしかなかった。市教委と校長と教職員の関係もわからない。なぜこんなに市教委が指示してくるのかわからない。わからないまま、すべて「通達だから」と告げて、「お願いします」と言うしかなかった。

教育委員会は「よりきめ細かな支援がなされる必要があった」と書いているが、何もわからない校長を支援しなければいけない教職員の立場については、一片の考慮もない。授業をしたこともない、授業するのに必要な教育職の資格もない、「私は素人なのでわかりません」といつも言っている人が、教員の人事評価を行うのである。それでも教員は校長と付き合い、「わからない」と言って苦しい思いをさせないために、しだいに質問を控えるようになっていったと、教員は言っている。

教育基本法に「教員は、全体の奉仕者であつて、自己の使命を自覚し、その職責の遂行に努めなければならない」(第六条)、さらに「教育は、不当な支配に服することなく、国民全体に対し直接に責任を負つて行われるべきものである」(第一〇条)と明記されている。当然、教員は自分の意見を述べ、不当に思えることは批判しなければならない。ところが市教委の下してくる通達について質問したり意見を言うことさえ、「校長権限が制約されていた」と県教委は決めつけている。

慶徳校長自身が発案したことで批判された事例はなく、教育委員会が一方的に通達してきた事案についてのみ、わずかな意見が出ているだけである。それをも認めないというのなら、広島県教育委員会は全体主義の機関ということになる。

疲弊していく教師たち

こんな状態で、慶徳さんは遠くの小学校へ通っていた。ところが校長に代わって書類をつくり、しかも提出書類は校長名で出されるものなので、校長に説明するのに時間をとられ、過労のはてに藤井教頭(五一歳)が脳内出血で二〇〇二年五月一〇日(金曜日)に倒れた。

もう限界と感じたのであろう。慶徳さんは五月一三日朝一一時に市教委を訪ね、しんどいので病院を受診すると告げ、JA尾道総合病院を受診し、精神科医より「抑うつ状態、一カ月の休養を要す」と書かれた診断書を受けとっている(ただし、抑うつ状態ではなく、うつ病など類似の病名であったかもしれない)。一二時四〇分、受診を終え、診断書を持って市教委を再訪したが、教育長らに説得され、「頑張ってほしい」と言われ診断書は無視された。

ところが市教委報告書は次のように書いている。「病院で診察を受けた結果、情緒不安定と言われ、休ませてほしいと言われた。尾道市教育委員会職員は、教頭不在によって校務運営に対する不安から、弱気になっておられるのだと考え、(支援について)説明を行い、頑張っていただきたい旨を伝えたところ、理解され引き続き校務運営に努力されることになった。話しているうちに次第に慶徳元校長の表情は明るくなった」。

ここでは診断された病名、診断書が隠されている。事実は、数人で「民間人校長だから休んでもらっては困る」と説得したのであろう。報告書は五月二三日「元気になっておられ」、五月二九日「健康状況は回復されつつあった」、八月一〇日「表情も明るく元気であった」と書き連ねている。

しかし慶徳さんは、勤務のため日中の受診のむずかしいJA総合病院から精神科診療所へ治療医を替え、向精神薬、睡眠導入剤も増量されている。「教育の現場は普通では通じない、異常なところ」、「教育委員会に何を言っても、甘いと言われる」、「死ぬまで働け、ということだね」と言っていた。夜一〇時、一一時に家に帰り、ただ「苦しい」と言うだけになっていた。市教委の報告書には、二三〇日の勤務日のうち、PTAや地域の会合等で遅くなった日は七八日、一一三日の休日のうち、地域行事等で四三日程度出勤していたとある。

二〇〇三年二月一四日、藤井教頭が倒れた後、校長を支えてきた後任の坂井教頭が心筋梗塞《こうそく》で倒れた。まだ四七歳である。彼は夜一二時まで仕事をし、疲れ果てて運転ができないため、因島大橋のたもとのパーキングで仮眠をとり、二時近くに家にたどりつき、朝五時にまた家を出るという生活を重ねていたという。

月があけて三月、TT（チーム・ティーティング）の書類づくりなどに忙殺されるなか、慶徳さんは市教委に、「四月になったら、家の近くの小規模校に移りたい」と申し入れた。だがこの時も、「あなたは特別、民間から来た校長なので一年で移られると困る。早く成果を出してほしい」と言われた。この種の言葉は、自殺の引き金としてよく聞かれる。

出口のない状況も三月末までと思って耐えていた慶徳さんには、もう一年、この苦しさを耐える力はなかった。そう思うと同時に、苦しさから逃れるため、ただ死を選んだのであった。

慶徳さんが残した卒業式の式辞原稿には、「自分を大切にし、自分らしく生きてほしい」と書いてあった。これは一九九九年二月、広島県立世羅高等学校の石川敏浩校長(五八歳)が卒業生に残した寄稿文(自殺の翌日の卒業式で式辞として読まれた)と同じである。彼もまた、「今まさに、人を大切にし、お互いの人格を認めあう中で、よりよい社会を築くことが要求されている。そのために、自分を大切にした生き方を身に付けてほしい」と書きながら、「君が代」斉唱の強制に翻弄されて死んでいった。

「自分を大切に」と教えを説いた、父母の次に身近な大人である先生が、翌日自殺していく。子どもたちはこの現実から真の学習をしている。この社会の表と裏がいかに違っているか、いかに残酷か、挨拶や標語の翳《かげ》にどれほどの暴力が潜んでいるか、日々学んでいる。

教育を憂える者は「心の教育」とか学力低下と騒ぐ前に、ある日突然、父が自殺したら、遺された子どもはどんな思いで生きていくのか、想像してみるべきである。児童生徒にとって、教師や校長の自殺は父母の自殺と類似する。一人の教師の自殺は、数百人の子どもに生きることの虚しさを伝えてしまう。

広島県の公立学校教職員の精神状態は急速に悪化してきた。二〇〇一年には、尾道の向かいにある県立因島高等学校で、四月と一二月、教師が続いて自殺した。しかも「これは教育ではない、あまりに理不尽」といって死んでいった進路指導の先生、その後任の進路指導の先生と、続いて自殺している。同じ問題で二人の先生が自殺したと思われるのに、学校でも地域社会でも追及されることなく隠されている。他にも先生の自殺の噂を聞くが、県教委は人数さえ公表しない。

精神疾患による休職者の数も増えている。待遇の安定した職業なのに、二〇〇五年末の教職員の早期退職者は二一四人に達している。教諭の早期退職者は一六五人(退職者のうちの八二%)、定年で退職した者は三七人しかいない。

慶徳さんのような遠距離通勤者が急増しており、通勤手当も急増している。それは教職員組合つぶしのため、教員の異動を乱用しているからである。思想・良心を踏み絵とする教育委員会からの通達、教師を管理するために増え続ける書類、配転の乱用と長時間通勤、結果として減る生徒との接触時間、これらが複合して教職員は精神的に疲弊している。

二重の権力犯罪

民間人校長は「企業における組織運営に関する経験や能力等に着目した校長採用を行い、学校教育を活性化することを目的」(県教委報告書)とされている。だが、民間活力による「学校経営」

と呼び込みながら、教育委員会は学校長の自立した学校運営はまったく認めていない。

たとえば校舎の使用許可すら校長権限ではなかったことを、市教委報告書は伝えている。同報告書の「学校施設の使用許可」の項には、「解放同盟の教育介入」を印象づけるためにとり上げたものであろうが、素直に読めば、市教委による校長のロボット化を物語っている。

それは二〇〇二年九月一九日、尾道市同和教育研究協議会の代表が研究大会の会場使用について、申請書類をつくるため慶徳校長の押印を求めてきた。彼は「市教委が諾否権を持っている」と回答しただけに止め、翌日、市教委に「物理的制約はなく、貸し出しても差し支えはない。押印の上、申請してもよい」と考えを添えて問い合わせた。

だが市教委は「貸し出しは、(文部省による)是正(指導)に対して後退する対応になり、職員団体の借用申し出も広島県教育委員会が拒否しており、尾道市教育委員会で諾否決定をしたい。申請書には押印しないように指示を受けていると回答してよい」と答えた。

ところが一〇月四日になって、市教委から「行きがかり上、言葉尻をとられて校長印をつくことを了解せざるをえなかった」と言われ、慶徳校長は市教委に呼び出されて押印させられている。言葉尻とは、慶徳校長が「その日は学校行事がなく、物理的制約はない」と言ったことであろう。市教委報告書は、「教職員からの聴取によると、校長は何でこんな問題で悩まないといけないのかという思いをもっていたとのことである」と結んでいる。

市教委は、慶徳校長が悩んだ「こんな問題」を同和教育研究協議会のことだと思い込んでいるため、この文章を添えたのであろう。だが「こんな問題」とは、教室の貸し出し、申請書への押印に到るまで市教委に振り回されることを明らかに意味している。

結局、慶徳和宏さんは自ら望んだわけでもないのに、また教職員も生徒も素人校長を望んでもいないのに、教育委員会の手先として高須小学校に送り込まれ、「成果を出せ」と駆り立てられ、精神的休息を許されず、死によって休むしかなかった。しかし加害者である市教委と県教委は、医師の診断書は出ていないと言いながら、彼の死を政略的に利用しようとしている。

慶徳さんの抑うつ状態を認めず、一年間にわたって苦しめ、死に追いやったのは、教育委員会という権力の第一の犯罪である。さらに加害者はあそこにいると印象づける報告書をつくり、「是正指導」という名の教師の抑圧に利用し、遺族の悲哀を歪《ゆが》める行為は、権力の第二次の犯罪である。

世羅高等学校の石川校長の自殺から慶徳校長の自殺へ、広島県教育委員会はこの二重の犯罪のスタイルを確立した。

Ⅲ

「君が代」強制によって、学校はこんなに変わった

この章の文章は、佐藤美和子さんが二〇〇四年二月、国立市と東京都を被告として東京地方裁判所に訴えた民事裁判の意見書である。私は今日の学校運営がいかに異常か、精神的拷問以外の何ものでもない行為が行われているか、具体的に伝える必要があると思った。学校という閉ざされた組織の内部で、これほどの脅迫と虐待が日常化されている。

しかし二〇〇六年七月の地裁判決は、すべてを「社会通念上著しく妥当を欠き、裁量権の逸脱や濫用があったといえない」として、原告敗訴とした。なぜいえないのか、理由を論理的に書かねばならないのに、何も書いていない。たとえば「『あなたは、今回の服務事故について、どのように反省しましたか。また、どのように責任をとろうとしていますか』との質問は、原告の内心を尋ねるものであり、その返答が処分や措置の有無・軽重に影響を与え得ることを原告に感じさせるものであると認められるが、原告の世界観や主義、主張、思想ではなく、道徳的な反省を問うものであって、原告の思想・良心の自由に対する侵害に当たるとまでは認められない」と書いている。思想・良心に基づいて止むを得ず行った行為についての詰問を、あえて「道徳的な反省」と呼び替えている。道徳は世界観、主義、主張、思想に含まれないのか。これほども概念が乱れており、論証はなく、ただ「……とまでは認められない」という主観の繰り返しである。権力による不当な人権侵害を日常化しておいて、「社会通念上著しく妥当を欠いていない」と主観を述べるだけでは、法による論理とは言えない。同年八月、彼女は高裁に控訴した。

佐藤さんは本文にあるようにストレスによる出血性胃潰瘍で二〇〇四年三月に倒れ、その後休養。二〇〇五年一月より杉並区立杉並第四小学校に通勤している。音楽専科としての仕事は奪われたままである。

勇み足の教育委員会、それに追従する校長、その歯車が「君が代」強制となったとき、ひとりの教師をいかにいたぶっていくか。この教育行政の実態を知らず容認しているのは、私たち市民である。それでもなお、少なからぬ教師が良心の抵抗を続けている。

私が佐藤さんに会ったのは、二〇〇一年六月三日であった。日曜の午後、国立市で「君が代」のピアノ伴奏を強制されて苦しむ彼女の話を聴いた。以来、電話や手紙で何度となく、その悲痛なうめきを聴いてきた。片時も晴れることのない精神的重圧。年末から四月初め、一年の三分の一の月日にわたって増強される精神的ストレス。必死に耐えながらも、身体が軋《きし》んでいくのを聴いてきた。さらに「君が代」強制の全経過を詳しく分析するため、二〇〇四年二月一三日(国立市)、七月三日(東京四谷)に聴き取りを行った。その後の電話や手紙での相談を含め、彼女の約六年にわたる精神状態について、述べよう。

1　音楽とのかかわり

子ども時代から大学まで

まず、佐藤さんにとっての音楽、音楽教育の意味を記述する。

音楽とは、小学校一年生のときから習い始めたピアノを通して出会う。教会員が無償で教えてくれた。いつも聞いて育った讃美歌の美しさが、頭に焼きついていた。それは単にメロディの美しさではなくて、歌の内容に共感をして心から表現できるという喜びであった。讃美歌は世界の音楽のごく一部で、音楽的に必ずしも優れたものではないかもしれないが、メッセージに共感することと、自分の内面を表現することができる音楽として出会った。「神様を信じています」と大きな声で言うのは恥ずかしくてできなくても、それを音楽に乗せると自然に表現できる、そういう力を音楽は持っていると思った。

キリスト教では、音楽は人類への〝神様の贈り物〟と考える。彼女は高校三年生までピアノを続けて、それを享受し、生きる喜びを音楽が与えてくれることを実感した。

あるとき、ピアノのレッスンで、前の人がショパンのスケルツォを弾くのを聞き、それが心に響いて頭の中に一枚の絵が描けるような経験をしたことがある。情景が次から次へと思い浮かんで止まらなくなった。心の中のつまらないものを払拭《ふっしょく》してくれたようであり、それによって生きる力を得られた。音楽というのは人間の内面に作用する大変な力を持っている、と彼女は思った。

小学校五、六年生のとき、音楽の道に進めたらいいな、好きなことを仕事にできたらいいと思い、ピアニストか評論家になりたいと思った。しかし、そのときは漠然とした思いで、また中学・高校時代にはやりたいことがたくさんあり、特に音楽の道に進むと決めていたわけではない。大学受験にあたって、家が貧しく、兄が二人いたこともあり、親から「女の子は大学に行かなくてもよい」と言われたが、国立大学なら行ってもよいということになり、文学が好きだったので国立大学の文学部を受験。最初の年は受験に失敗し、浪人について親の大反対を受けた。それでも大学進学を諦めきれず、どうしてもと頼み込んで勉強した。そのとき、どうしてこんなに反対を押してまで大学に行きたいのか、何を一番学びたいのか、と彼女は真剣に考えた。一番好きなこと、今まで自分を最も支えてきてくれたものは音楽ではないか、と彼女は思い当たり、それから遅まきながら音楽の道を志した。

翌年、東京学芸大学の小学校教員養成課程・音楽科に合格。実技試験では、歌とピアノと楽譜の聴取があった。入学した時点では、四年間音楽の勉強ができることが嬉しく、音楽の教員になることはまだ具体的に考えていなかった。卒業後の道は四年間のなかで探そうと思っていた。

大学時代、いろいろな大学が集まって作っている民族音楽のサークルに入り、指導者が発掘してきたアジア・アフリカ・中近東などの音楽を、楽譜にして合唱するなどの活動をした。西洋の音楽のみが評価されているなかで、いわゆる正統といわれる音楽ではない、人々の生活に根づいている音楽に、すばらしいものがあると感じた。楽譜もまったくない、読めない、そういう民族が、楽譜に書き取ろうとするととても書き取れないほど、複雑で高度な音楽を即興的に演奏している。今までの音楽に対する価値観はとても偏《かたよ》っていたことに気がついた。

日本では、音楽はお金をかけて習得するもの、ごく一部の恵まれた人のものになっている。しかし音楽は、実は人間の根源的な表現であり、喜びである。〝神様の贈り物〟というのは一部のハイソサエティの人たちに与えられているのではなく、こういうことなのだとわかった。仕事や生活のなかから音楽が生まれたり、相手とのコミュニケーションのために音楽が生まれたり、人々が生きるなかで音楽が必要とされて生まれてきた。音楽が生活の根源的なものになっている。そして音楽には、言葉以上に、自分が生きていることの喜びを表現し、それを伝える力があると思った。生きていることの喜びを、演奏する人間が伝えるのと同時に、聴いている人と一緒になって感じ合うことができる。音楽は最も優れた表現力を持っている、と大学生だった佐藤さんは思ったのだった。

教員への道

教育実習がきっかけで、彼女は教員になろうかと考えるようになった。音楽教師になろうと決めた大切なエピソードがある。三年生と四年生のときに教育実習があり、四年生のときには数人のグループで公立学校に行った。実習の最後、子どもたちとのお別れに何かしてあげようということになり、『幸福の王子』の人形劇を上演した。劇の途中から、とても感受性豊かな女の子が泣き出して、「王子様もつばめもいいことをしたのに、何でこんな思いをするの」と言った。学生たちは、この人形劇で何かを伝えよう、わかってほしいと深く考えていたのではなく、軽い思いで選んでいた。子どもの感受性について、伝える側の責任について、多くのことを考えさせられた。子どもたちの感じる力のすばらしさを知り、それをきっかけに教員の道を考えるようになった。

子どもたちは、物語のなかに完全に自分を投入し、「良いことをしているのに、何でこんな目に会うんだろう」と考え、悲しんでいた。彼女自身も子どものころはそういう感性を持っていたかもしれないが、大人になって忘れていたと思った。感受性の鋭い子どもたちに、何を伝えていくかということはとても大事であり、また素敵な仕事だと思った。そのときは、音楽ではなく劇を通して子どもに伝えることのすばらしさだったが、自分が大学時代に体験した、教科書に載っていないようなすばらしい音楽について、その音楽を作ってきた人々や民族のすばらしさについて、子どもたちにぜひ伝えたいと思い、音楽の教員になろうと決めた。児童文学が非常に好きだったので、児童文学をやりたい、いつかは自分も書いてみたいと思っていたが、結局、彼女が一番力を得た音楽の感動を子どもたちに伝えたいと思ったのだった。

子どもは小さいころから好きで、小学校の高学年のころは、地域の子ども会の班長として、低学年の面倒をみた。そのころちょうど、先生になりたいと思ったこともあった。小学校の音楽の先生が、何人かを選抜して連合音楽会に連れていくとき、彼女も選ばれた。その先生にアコーデイオンの弾き方を一から教えてもらいながら、先生に憧れ、この先生のような音楽の先生になりたいと思ったことがあった。

音楽教員になって

実際に教員になると、学級担任の仕事が最初は辛かった。初任で担任を持つのは、当時、普通のことだった。

やがて、授業を終えた子どもたちが「楽しかった」と帰っていくのを見たり、普段あまり自分を表現しない子が、明るい顔で歌っている様子を見て、「この仕事をして良かったな」と思うようになったが、それは教員になって一〇年以上経ってからのこと。初めのころは、どういう教材を使ったらいいのか、子どもたちの持っている力をどう引き出したらいいのか悩んだ。

思い出に残る子どもは少なくない。とりわけ、国分寺市の学校に勤務していたときの子どもたちを思い出す。六年生が荒れており、卒業式の練習を大勢でボイコットし、体育館の屋根の雪を練習している体育館に投げ込んだりした。学校側が腫《は》れ物に触るように対応したために、よけい子どもたちは荒れた。そのうちの二、三人の男子が、あるとき突然、音楽室に入ってきて、「先生、バンドがやりたい」と言った。彼女は「じゃあ、楽譜を作ってみるから」と応え、当時流行していた曲を音楽室の楽器で演奏できるように編曲した。プロの演奏から採譜し編曲する楽譜作りは大変な作業である。が、その子どもたちは楽譜の次の頁ができるのを楽しみに待ち、教室の授業には出なくても音楽室に練習しに来るようになった。熱心に練習して上手になった。それを皆の前で発表して自信を持たせようと思い、授業のクラス合奏にしてクラス全員で取り組んだ。

そして卒業前の会で在校生や親の前で発表した。お母さんたちから「アンコール！」の声がかかり、彼らは驚いたり照れたりしていた。彼女はその様子を見ながら、音楽を通じてあの子たちに居場所を作ってあげることができたと思った。音楽の力によって、子どもたちと心を通わせることができた。このときの体験は、彼女自身そこまでできると思っていなかったので、強く印象に残った。学校のなかで居場所がなかった子どもたちが楽器演奏によって認められ、音楽を通して人間的な関わりという確かなものをつかみ、その喜びを皆で共有することができた。こうして彼女は音楽教師として成熟していった。

「君が代」強制への恐怖

『国旗国歌法』成立の前から、音楽専科を続けている限り、いつか「君が代」のピアノ伴奏や指導についての強制を受けるだろう、という不安を彼女は抱いていた。

一九九〇年に国立市から他地区へ異動するとき、当時の国立市では「日の丸・君が代」は実施されていなかった。他地区では多くが実施していることは知っていたので、異動先によっては強制されるかもしれない、という思いがあった。音楽専科ではなく学級担任として異動すれば、ピアノ伴奏の強制がない、と勧めてくれる人もいた。けれどもやはり、音楽専科として続けられるところまでやりたいと思い、音楽専科のままで希望を出した。

異動した小平市の勤務校では、式場に「日の丸」の旗があり、テープによる伴奏で「君が代」斉唱があった。彼女が教員として勤務して初めて経験する「日の丸」と「君が代」だった。卒業式の練習を前にして子どもたちに説明する必要があると考え、五年生と六年生の音楽の時間に、「君が代」について話した。小学六年生の在日韓国人の金《キム》さんが新聞に投書した「『君が代』歌えません」という文章を読み、こういう人もいると紹介した。「このように意見が分かれているものを学校に持ち込むことには、私は反対ですが、皆は自分の考えをきちんと持ってください。卒業式では『君が代』が流れますが、歌う・立つなどの自分の行動については、皆の自由です」と話した。

このころ職員会議で、子どもたちに起立するか否かの選択を迫るのは酷《こく》である、だから一律に立つことを決めておくべきではないか、という議論が行われていた。彼女は、一律に決めることは認められないと意見を言ったが、最終的に子どもたちが全員立つようにする、と決まった。彼女は、音楽の時間に「そのように決まったけれど、立つ・歌うということはあくまで一人ひとりが決めることです」と話した。卒業式、子どもたちは大勢座り、彼女も座った。他の教員は皆立っていた。彼女はピアノの椅子に座り、列の一番前に座ってこちらを見ている子どもの顔を、「君が代」が流れる間ずっと見ていた。

一九九六年に異動した国分寺市の勤務校では「君が代」斉唱がなかったため、会議での議論もなかった。

一九九九年に、国分寺市から国立市に異動となった。国旗国歌法の成立前、強制の兆しを強く感じていた。どこに異動希望を出そうかと考えたとき、「日の丸・君が代」が九年前と変わらず実施されていなかった国立市に行きたいと考えたのだった。一九九〇年に国立市から出るときと同じように、音楽専科として伴奏を強制されることを心配し、学級担任としての異動を勧めてくれる人がいた。けれども彼女自身が今まで助けられ、力を得てきた音楽を通して、子どもたちと接していきたいという願いが強く、音楽専科としての異動を希望した。その時点では、「君が代」をめぐる強制への予感はあったが、何となく自分だけはそういうことから免れられるのではないかという思いや、強制を現実のものとして認めたくないような気持ちを抱いていた。強制が自分をどのように追い詰めていくか、まだ想像できなかった。当時、実施していなかった国立市に逃れることで、音楽専科として生き延びられるのではないか、という望みを失わずにいた。

2 二〇〇〇年三月の卒業式をめぐって

二〇〇〇年卒業式当日のこと

一九九九年の入学式には、「日の丸・君が代」はまったくなかった。八月に国旗国歌法が成立し、二〇〇〇年三月に行われる卒業式に向けて、国旗・国歌の両方を実施するという提案が校長からあった。卒業式の二日前、屋上に国旗を掲揚するという話があり、その翌日の二四日に、夜一一時半まで会議が開かれた。「何も知らないで登校する卒業生に、式の前に説明をしてほしい」と教師たちは求めた。ところが校長は「一本の『日の丸』で子どもの動揺はあり得ない」と言い、当日の朝、掲揚された。

この年の卒業生に、「君が代」についての授業で、彼女は国旗国歌法成立の際の話をした。国会での「強制しない」という答弁を知っている子どももいた。彼女は「学校で強制しない」という約束のもとに法制定されたことを話し、現在の憲法のもとでは、個人の考えは保障されること、「強制」はあり得ないことを伝えた。

卒業式当日、突然国旗掲揚が行われた。子どもが「『日の丸』が揚がったということは、『君が代』もやるの?」と聞きに来たので、「『君が代』は歌うことになっていない」とクラスに伝えた。事前の説明がないまま「日の丸」が突然掲揚され、それを仰ぎ見ながら子どもたちは登校した。突然の「日の丸」掲揚があるなら、突然の「君が代」斉唱もあるかもしれないと考えたのであろう。

子どもたちの動揺と混乱の様子を目の当たりにして、彼女は責任を感じた。「強制」はされないというのは絵空事であり、現実はそうではない、大人は言うことと実際とが違っている、「日の丸・君が代」については例外なく一方的に押しつけられる、そう体験をさせてしまったことに彼女は悲しくなった。

彼女は、子どもたちに個人の思想や信仰というものは人から強制はされないものなのだ、というメッセージを伝えないわけにはいかないと思った。その思いをリボンに托した。リボンは水色の布をねじって留めた、彼女が作った、彼女だけのリボンだった。今日、こういうことがあっても、授業で勉強した「強制はされない」ということは、大切なことなのだと伝えたかった。伝える義務があると思った。「強制はされない」というのは、もしかしたら絵空事かもしれない。しかし、憲法はそれを保障している。それを公務員として守らなければならない。戦争のときの過ちを繰り返してはならない。

子どもたちにそんな思いを伝えたくても、鍵をかけて一方的に掲揚されてしまった後で、ひとりでできることは、リボンをつけることしかなかった。何も書いていないリボンについて、意味がわかる子は少ないかもしれない。しかし子どもたちに「それは何？」と質問されれば、答えることができる。

授業のなかで、「強制はない」とあれだけはっきり言ってきたのに、そうではない結果になっている。子どもの信頼を失うだろうと彼女は思った。子どもたちには、自分の考えを確立させ、そしてそれが保障されるという信頼感を持って卒業させてあげたかったのに、それが最後の日になって否定された。佐藤先生という先生は、自分たちの生き方の一つの基礎になる、よりどころになる先生ではなくなったと思った子もいたであろう。

今も「なぜリボンをつけたか」と問われると、彼女は悲しくなる。そのとき行われた強制の実態がまざまざと蘇《よみがえ》ってくるからである。自分は校長から強制された。そして強制された自分は、結果として子どもたちに強制する歯車になっている。自責感と無力感が彼女を苦しくした。

国立市教育委員会の聴き取り

二〇〇〇年四月、校長に対する「土下座しろ」との卒業生の発言が報道され(本章末後記2参照)、その発言を否定していた教職員に、市教委は「事実をお聞きしたい」と言ってきた。教職員は、子どもたちの名誉のため事実を伝えたい、と聴き取りに臨んだ。しかし聴き取りには、都教委と校長が加わり、意見を言う機会は与えられず、校長報告書が事実であるとの前提で行われた。明らかに処分目的のものだった。結果として、教職員が述べたことは反映されず、「報告書は概ね事実」という中間報告が市から都へ挙げられた。「リボンをつけていたかどうか」のみが質問された。自分で作ったリボンをつけていた七人全員が文書訓告処分を受けた。

教育に携わる校長や教育委員会は、卒業生たちが「土下座」報道で不信感をつのらせているときに、「その発言はなかった」とする教員の証言を無視した。

都教育委員会の聴き取り

続いて彼女は、校長から、都教委による聴き取りの日時と場所のメモを渡された。午前中四時間の授業がすべてできなくなる時間帯だった。こんなことのために、音楽の授業ができなくなることは苦痛だった。

聴き取りは、都から聞き手二人・記録一人の、三対一だった。彼女は一人で心細く、処分をするための聴き取りであると思ったため、不利にならないように「記録をとらせてほしい」と冒頭で言ったが、「記録は一つでないといけない。後で確認するので、自分では記録しないように」と言われた。聴き取りの内容は大変細かく、彼女は疲れ果てた。

九時から始まり一二時過ぎまでかかり、休憩は、一〇時ころ彼女が「トイレに行きたい」と申し出てとらせてもらった間だけだった。

終わってから記録の確認をするとき、彼女は疲労・緊張で頭がボーッとし、記録のおかしいと思う部分を指摘する気力は残っていなかった。後で開示記録を読み直すと、意味が違う部分がいくつかあり、騙《だま》されたような悔しい思いがした。「服務違反があった」ことが前提であり、どの行為を当てはめて処分するのか、一方的に決めているだけだった。ときには、校長判断に従わなかったと恫喝《どうかつ》された。

3 「君が代」伴奏の強制

二〇〇〇年八月二二日、処分発令

彼女が教師として子どもたちに責任を果たしたことが、反対に罰せられた。処分の理由は、リボン着用による精神的活動の面における「職務専念義務違反」、という言いがかりだった。身に覚えのないことを理由に処分された。発令当日から一〇日ほど、理不尽な重圧を感じ、眠れない日々が続いた。

彼女が「リボン」に込めた思いは単純なものではなかった。人の心のなかの思いをリボンによって皆一律なものと断定し、処分した。この暴力を決して許すことができない、と彼女は思った。また、音楽に対する冒瀆《ぼうとく》を彼女は感じた。式の間、伴奏・指揮など目まぐるしいほどの音楽活動を職務として行っていたのに、「職務に専念していなかった」とされ、彼女は音楽教師としても、内心を持つ一人の人間としても二重に否定された思いがした。

彼女はずっと子どもたちに、音楽は内面の直截的な表現であるということを伝えてきた。子どもたちがそんな彼女の教育を通して音楽に目覚めていく姿を見てきた。そのことが彼女の教師としての喜びでもあった。

ところが、「君が代」という形で、内面を強制され、形に縛りつける音楽が目の前に現れ、彼女が音楽と思っていたものと全然違う方向に押し付けられた。音楽の教師として、これまでの彼女の音楽教育全体が崩され、侵されるような思いに到った。

それから、仕事が手につかずにボーッとしているような状態になった。いろいろなことを考えた。処分の目的、音楽の授業との関わり、そしてこの先は必ず「君が代」が強制されるだろう。悪いほうに、悪いほうにと考えている自分がいた。音楽専科である彼女には、「君が代」ピアノ伴奏を言われる日が近いと感じた。「日の丸」の件だからこそリボン一つに対しても処分されたと感じ、次は「君が代」についても確実に処分されるだろう、と考えた。キリスト者として「君が代」伴奏は、戦時中日本の植民地と化した韓国で、牧師たちが殺されてもできなかった神社参拝と同じものに思えた。絶対してはいけないことを、いつか必ずしろと命じられる、この思いは、彼女を絶望させ震え上がらせた。

「君が代」を絶対に弾けないが、今回の処分によって、「強制」に不服従の者としてピックアップされ、さらに酷いことが行われるのではないか、と彼女は不安だった。「君が代」を弾かなかったら、自分はこの仕事を辞めなければならないだろうか、自分がただ教師らしく、自分らしく生きたいと願うことすら絶望的かもしれないと思うと、胸が苦しくなってきた。

弾くくらいなら音楽の教員を辞めたほうがいいと思いながらも、自分が音楽教員になったいきさつを考えると、自分の生きがいでもあり大切な夢でもあったことを、こんなことのために手放すのかと思い、眠れなくなった。音楽の喜びを子どもたちに伝え、感動を共有することが彼女の生きがいであり、それを奪われると思うと、とても悲しかった。「日の丸・君が代」の強制によって子どもたちとの関係が切れ、生きがいを奪われる……と、いろいろ考えていると余りにも悲しく、涙が出てきた。自分の生き方、理想、考え方、すべてを否定され奪われるという予感は精神的重圧となってのしかかり、現に処分によって部分的に奪われた教育理念の喪失は、彼女を悲哀に追い込んだ。それから悲哀と重圧は、彼女の日々となっていった。

二〇〇一年三月の卒業式

国立市立国立第二小では二〇〇一年の卒業式に、初めて「君が代」斉唱が導入された。

二〇〇〇年一二月、澤幡校長から「『君が代』は音楽専科のピアノ伴奏で行う」と言われた。彼女は自分が決して弾けないことを伝えなければならないと思い、虚しさを抑えて会議で発言した。しかし、校長は大声で「個人的なことを会議では言ってはいけない」と制止した。仕方なく彼女は「キリスト者として『君が代』を弾けない」という内容を手紙に書き、校長室で読んだ。しかし、「牧師館で生まれ育った私は……」と読んでいるうちに、何故こんなことまで言わなければならないのか、きっとわかってもらえないだろうと悲しくなってきた。絶対に弾くことはできない、そこは譲れないことをわかってほしいと思い、教会で生まれ育った貧しい生い立ちのことも書いたが、対等な人間であるはずの校長に、何故こんな私的な話の形で言わないといけないのか、むしろ公の仕事についての話として職員会議のなかで論じたかった、と思っていた。

二〇〇一年三月、「匿名の保護者から公開の要請があった」、「伴奏を何にするか決めるため」との理由から、「君が代」の練習を公開するよう、校長から言われた。練習に参加する五・六年生の保護者であることを確認して公開にした。当日は三種類の伴奏テープを使って練習した。翌日の産経新聞には「テープ三回〝ハイおしまい〟」との見だしで、「君が代」の歌声が小さいことに対して彼女の責任を問う内容の記事が載った。校長、教育委員会、右派のマスコミによって包囲されていた。

公開に対して何人かの保護者は、子どもが国歌にどのように対応するかという姿を他の人に晒《さら》すことに非常な不安と危険を感じて、それを校長に伝えていた。子どもの安全を願うのは親の当然の思いだが、校長はそれよりも国旗国歌の実施に向けて、推進する側の、しかも匿名によるたった一人の要望のみを取り上げ、自分の職務をやりやすくするために利用した。これは職権濫用《らんよう》だけでなく、子どもの意見表明権の侵害だ、と彼女は思った。

このことは、国歌の斉唱指導をあえて公開し、「君が代」を弾こうとしない教師への風当たりを強くし、非難を高めようとするものだった。さらに子どもを巻き込んだ形になる。

その後に校長は、公開では声が小さかったため伴奏を決められないと言い、式前日まで結論を延ばした。彼女には「君が代」を大きな声で歌うようにする指導を、子どもたちには大きな声で歌うことを執拗《しつよう》に求めた。そして、式前日の予行直前、校長は「三つのテープのなかでも歌声がやや大きかった歌入りのオーケストラ伴奏テープにするが、今日もさらに練習して歌えるようにすること」と言った。

三月当初、校長は保護者への説明会で、「急に変えるのは無理なので、練習で用いた伴奏にする」と言っていた。そのために練習を見に来ていたはず。しかし子どもの声が小さいので把握できないとして、さらなる練習を予行の日である卒業式前日まで要請した。彼女が「君が代」を伴奏できないことを利用し、逆に子どもたちに大きな声で歌うことを求めたのである。彼女は自分の思想・良心・信教上の問題を、子どもたちへの強制に置き換えたと感じた。直接の攻撃に耐えられても、お前のために子どもたちも苦しむという攻撃は、人の精神を破壊する。彼女は追い詰められていった。

二〇〇一年三月の卒業式では多くの人に助けられ、「君が代」はテープ伴奏になった。

二〇〇一年四月の入学式

式前日に職員会議があり、入学式での「君が代」斉唱について、伴奏は卒業式と同じでよいのか、と彼女は質問した。

校長はピアノ伴奏にしてほしいと言い、彼女は再度弾けないことを話した。この会議の記録は、たまたま彼女が担当だったが、校長は会議録に書いたやりとり、「私はやりたくありません」という部分に、後から赤ペンで太く下線を引いた。この四月から第二小に赴任した鷲野一之嘱託員は、雑誌『正論』(九月号)に、この会議の模様を国立第二小の名前入りで書き、「音楽専科教員は国歌のピアノ伴奏を『やりたくありません』と言った」と発表した。校長と右派マスコミによる悪意は、彼女を包囲していた。

4　二〇〇二年三月の卒業式までとその後

反復される暴力の予感、出口のない将来

二〇〇一年一〇月に再び校長より「君が代」ピアノ伴奏が提示された。彼女の「弾けない理由」を知りながらの、再度の要請だった。彼女はこのとき、学校での『日の丸・君が代』の強制」は毎年必ず繰り返されるということに、嫌でも気づかされた。

それならば「君が代」のない所へ行きたい、それが死後の世界だとしても、と彼女は考えた。死ぬほど嫌なこと、死んでもできないことの強要が毎年繰り返される。それは絶対できないのだから、逃れるにはそれしかない、と彼女は思った。それを語りかける手紙を、精神科医である著者に彼女は送ってきたのだった。

ここまで来てしまった、もう音楽教師を続けられない、辞めるしかないのか、一番好きな仕事を辞めるくらいなら、苦しみのない世界に行きたい。それはどこだろうと考えると、死後の世界なのか、と漠然と思うようになった。死後の世界のイメージは、「おじいちゃんがいる所」だった。

同時に、介護の必要のために同居を始めたばかりの両親と暮らしながら、そんなことを考える自分自身に驚くのだった。このころより、一人でよく涙を流すようになった。

希《き》死《し》念慮《ねんりょ》

もう一つこの強制によって「死」をも考えるようになったきっかけは、一九九九年、広島の故・石川校長先生が、県教委の異常な「日の丸・君が代」強制によって追い詰められ、自らの命を断つという、大変衝撃的な事実を知ったからである。いかに、一人の人間の尊厳が否定されたか、二年後に、事実を知れば知るほど、驚きと怒りを感じた。しかも政府は、それを『国旗国歌法』の成立に利用し、犠牲者の死を逆に使った。

二〇〇〇年の「日の丸」強制、二〇〇一年・二〇〇二年の「君が代」伴奏の強要に直面し、学校での「強制」の実態を広く知らせたいと彼女は思った。一方で、繰り返される苦しみから逃れたかった。

「広島の校長の自殺がきっかけで、国旗国歌法が成立したのなら、その制定の後の強制によって追い詰められた音楽教員が自殺することで、何か強制の抑止の力になるのではないか。全国から注目されてきた国立第二小で、『日の丸』で処分され、『君が代』を弾けないと表明してきた音楽教員として、私は死をもって訴えるべきなのではないか」とも彼女は考えた。

そのための手段として、第二小の屋上から飛び降りるという方法が最も効果的だろうとまで考えた。自殺を考えてほとんど眠れなかった日もあった。「死んでもできないこと」を当然のこととして強要してくる、この「強制」が苦しかった。その苦しみから逃れたくて、「死」という隔絶された場所に逃げたかった。

同時に、一瞬でもそんなことを考える自分にハッと気がつき、「君が代」はここまで自分の生を脅かすのだと思い、彼女は愕然《がくぜん》とした。希死念慮だけでなく、死に方を考えるようになると極めて危険である。彼女はそこまで苦悶を強めていた。

大好きだった季節が、最も恐ろしいものに変わってしまった

二〇〇一年一〇月に、「君が代」伴奏の強制が繰り返されるとわかったとき、必ずこれは毎年巡ってくる、春が巡ってくるのと同じように、と思うと、彼女は絶望的な気持ちになった。音楽の教科書には必ず「君が代」が載っているので、頁をめくっていて「君が代」に行き当たり、そこでパタッと思考が止まってしまう。とても恐いものを見たような、先行きの不安が覆いかぶさってくるような感じになる。強制の暴力によって、「君が代」は彼女の精神的外傷になっていた。

歩いているとき、食事の支度をしているときにも、思い出して彼女はビクッとする。

牧師館で育った彼女は、クリスマスに向けて家にリースを飾り、街中がイルミネーションで飾られるクリスマスの光景は、懐かしい記憶や大切な思い出と重なっている。New King Born Todayという聖歌は、毎年彼女に生きる喜びを与えてくれた。

しかし、二〇〇〇年の秋以降、その後に続く年末年始の風景を見ると、「またあの強制が始まる」と思い出し、彼女が大好きだった季節が逆に、とても耐えられないものになってしまった。

二月の節分、三月の雛《ひな》祭りというころには、繰り返される辛い日々の精神状態がまざまざと再現され、店頭に並ぶ「雛あられ」など、季節の商品を見ると涙がこぼれた。「君が代」強制に係わるものすべてが刺激となり、不安な感情状態に連れ戻されるフラッシュ・バック体験となった。

四月の桜の花も同様で、卒業式が終わったと思うと、またすぐに入学式での「日の丸・君が代」について、心が凍るような発言や出来事が繰り返されてきたことを思い出すのだった。

桜が美しく咲けば咲くほど、「現実の世界は違う」と言われているようにも思えた。桜が咲き、子どもたちが始業式を行っている校庭で、校歌を歌う声にかぶせて右翼団体の歌う大音量の「君が代」を聞かされる。リボンをつけても、「『君が代』を弾けない」と表明しても、お前は結局子どもたちを守れなかったのではないか……という非難の幻の声が聞こえてきそうだった。

彼女の誕生日は三月一〇日だが、大好きだった春の訪れが、強制の訪れという反復される恐怖に変わってしまった。季節は必ず繰り返し、毎年春が巡って来る、それは希望と喜びに包まれる大切なリズムだったのに、春の訪れと共に、毎年確実にこの「強制」がやってくる。苦しみと悲しみの繰り返す、最も避けたい恐ろしい季節になってしまった。春浅いころの沈丁花《じんちょうげ》など、庭に植えて育ててきた大好きな木々や草花さえも、「身も心も温かい春になったよ」と希望を語りかけてくれるものでなくなってしまった。

「木の芽どき」とは、彼女にとって死の苦しさをくぐり抜ける季節に変わっていた。

いじめと症状

「弾きなさい」と言われてそれに抵抗はするのだが、抵抗が続けられないで自分が潰《つぶ》れていくかもしれない、という恐怖が彼女を襲ってくる。それは自分がなくなるということ、自分が自分でなくなるということであり、彼女は〝死んだ状態〟になってしまう。

悪夢も何度も見る。校長に何か言われている夢、会議で叱りつけられている夢、校長室で話している夢。夢を見て、夜中に目が覚める。夢のなかで一生懸命、彼女は自分が言うことを考えている。こういうふうに言い返そうと。そして、目が覚めても、まだその続きで言うことを考えている。その後は眠れなくなる。校長にものすごく酷いことを言われてうなされ、パッと目が覚めたこともある。身体の硬直感、不眠、悪夢、夜驚《やきょう》が彼女の日常を脅かした。

通勤途上でも、今日にでも弾くようにと言われるのではないか、会議がある日にはどういうふうに話そうかと考え、彼女は脅えるようになった。

自宅での日常生活でも、台所に立っているとき、本を読んでいるときなどに、パッと頭に浮かんできて、心臓がドキドキし、喉のあたりで大きく鼓動が聞こえてくる。

冷蔵庫を開けるつもりが洗濯機を開けて、食べ物を放り込んでしまったり、逆に衣類を手にして冷蔵庫を開けてみたりということもあった。人が話しかけてくる言葉が、何か遠くに聞こえる。聞けなかったり、現実感がなかったり、文字を読んでいても全然頭に入ってこなかったり、自分のしている行為がきちんと認識できなくなっていた。彼女は感情不安定となり集中力を欠き、現実感が疎隔《そかく》された。

今日「君が代」について何か言われるかもしれないと思うと、彼女は学校に行くのが恐く、朝家を出るのが嫌になった。「君が代」のことを直接言うのではなくて、校長が他のことでも揚げ足をとるだろう、「日の丸・君が代」に直接関係のないことを使って自分を貶めてくるだろう、と思えてくる。彼女を貶めるために、日常の生活も絶えず見張られているように感じられ、緊張してしまう。車を道ばたに停めるとか、こんなことも咎《とが》められるかもしれないと脅えてしまう。持続するストレス状態は極限に近づいていた。

睡眠は、少し寝るとすぐ目が覚めるということが続いた。毎年、冬の間がひどい。入学式が終わると精神的に落ち着くが、一一月ごろになるとまた眠れなくなってくる。それが、二〇〇〇年の秋頃からずっと続いている。「君が代」強制による気分の季節変動といえる。

本を読んでいて、涙が溢れて眠れなくなったこともあった。

韓国で神社参拝を強要されて拒み、獄死した朱基徹《チュギチョル》牧師の説教記録と、四男の証言記録を泣きながら読んだ。読み進み、そして読み終えて、まず恐ろしさを感じた。今、彼女に行われていることや、学校で進められている「強制」は、この牧師たちの激しい抵抗に会い、ついに彼らを死に追いやったものと同じ根を持つものであると感じて、恐ろしかった。

同時に彼女には、キリスト者として絶対に神社参拝できない気持ちがよく理解できた。彼女もこの時代に韓国に生まれていれば、同じ拷問を受けて獄死したかもしれないと思った。

そして、初めて自分が加害者でもあることを彼女は自覚した。「日の丸・君が代」強制反対の活動を通して知り合い、交流を続けてきた在日三世のピアニスト崔善愛《チェソンエ》さんに、いったんこの記録を送ろうとして、「とても送ることはできない」と感じた。今になってようやく加害者であることに気づくのは、辛いことだった。

神社参拝を強制されて殺された人々がいた事実を、学校では教えてこなかった。過去に天皇を神とした時代、その思想や信仰を押しつける「強制」によって苦しみ死んでいった人々のことや、過去の日本の国の過ちについて、学校で伝える必要があると痛感した。

彼女自身が加害者であることにこのとき初めて気づき、恥じ入る思いがした。そして事実を伝えることが、他者の悲しみに気づき寄り添う力を育てるということを知った。

夜、彼女が泣きながら手紙を書いていると、娘に、「お母さん、大丈夫？」と心配された。息子は「体を壊すよ」とよく声をかけてくれた。

夫は、彼女が死んでも「君が代」が弾けないという思いをわかってくれた。しかし、今の状況では強制から逃れられず、やはり体を壊すのではないか、と心配していた。

両親との同居で、すでに家族には負担をかけているので、それ以上心配をかけたくないと、彼女は気を張りつめていた。

音楽教諭としての仕事を全体として評価されるのではなく、「君が代」を弾くかどうかで決められ、評価が正当に行われないことが辛かった。

しかし、それで教育への意欲を失いたくないので、子どもたちとの関係において仕事をきちんと果たそうと思い、彼女は努力してきたが、それも無視された。

朝、家を出てから学校に着き授業が始まるまで、気分は重い。音楽のなかに没頭できないときがある。今日は何をしようかと考える気力が湧いてこない、無力感が頭を重くしている。しかし授業が始まれば、逆に子どもたちから力をもらっていると思う。

好きな音楽も変わった。前から、きらびやかで華やかな音楽は受け入れられなかったが、いっそう空々しく感じられるようになった。そして短調の曲や激しい音楽が心にしっくりくるようになった。暗いもの、暗くて激しい音楽に心惹かれるようになった。以前は明るい音楽も好きだったが、今はだめになり、ベートーベンやブラームスの激しく悲壮な部分などが好きになった。ただ淋しいだけの音楽も嫌いになった。悲しいけれど激しい、そんなイメージのものがしっくりくる。美しいものは楽しく軽やかなものではなくて、本当に美しいものは悲しいものなのではないか、と感じるようになった。悲しみのなかにしか真実はない、そんなふうに彼女は感じるようになった。

5　二〇〇二年卒業式での「君が代」の強制

再び「君が代」伴奏の要請

二〇〇二年卒業式についても、二〇〇一年一二月に、彼女は前年と同じように校長から「君が代」のピアノ伴奏を要請された。一二月の会議でそれが提案された後、一二月二〇日、校長に呼ばれ、「卒業式では『君が代』を弾いてもらえるか」と尋ねられ、答えを保留にすると、代わりに「学級担任をしませんか」と言われた。それは「君が代」を弾かないことの代案であった。弾けない者には配置換えなどの「排除」が行われていく。どう対処したらよいのか、年末から新年を迎えた後も、彼女は悩み続けた。

しかし、「君が代」を弾けない思いは変わりようがなく、配置換えの話は「強制」の最も酷い形と受け止め、「君が代」を弾かずに音楽専科を続ける道を追求しようと気持ちを整理し、ようやく再び立ち上がる思いだった。

二〇〇二年二月、彼女は校長に対して、「弾けない事情」を前年よりもさらに詳しく書いて提出した。そのなかで、戦時中の朝鮮において神社参拝を強要され、それを拒んで拷問の果てに殉教した牧師について触れ、自分にとって「君が代」問題は決して譲ることのできないことであり、「『君が代』を弾きながら生きること、その両立は私には多分できません」と書いた。

三月中旬、教職員会議の冒頭で校長は、「音楽専科に『君が代』伴奏をお願いしたが、できません、とのことだった。明日からの練習での指導と伴奏は、嘱託員の鷲野先生にお願いする」と発言した。職員からは、「鷲野さんは雑誌『正論』に二小の名前を出して投稿したことで、親の不安や抗議が集まっている。当日の伴奏のみお願いして、それまでの指導は佐藤先生にしてもらえないか」などの意見があった。校長は「佐藤先生の『君が代』の授業を見たが、子どもたちが歌えていない。指導が不適」と言って退けた。

この年、不登校になっていた女生徒が、教室には行けずに音楽室登校を希望し、三月初旬からは授業時間中も常に音楽室にいるようになっていた。この女生徒が男性教師と会うことを怖がっていたため、女生徒がいないときを見計らって、校長は「君が代」の授業をたった一クラス見に来た。彼女が担当する九クラスの授業のうち、ただ一つを見ただけ、それも授業の内容ではなく「君が代」の歌声の大きさだけをもって、彼女の「指導が不適」とされたのだった。

その後、校長は六年主任を呼び、鷲野嘱託員による毎日二〇分の「君が代」指導を「命令」として伝えた。六年担任と彼女は、卒業式練習計画の急な予定変更を余儀なくされた。

翌日の練習では校長が指揮し、鷲野氏がマイクを持って「君が代」を歌い、指導した。ピアノ伴奏のCDが上手く作動せず、音が飛んで聴きづらく、子どもたちはクスクス笑い出した。彼女が音楽室で子どもたちと学んだ「君が代」の音楽的成り立ちや、雅楽とオーケストラによる「君が代」演奏の聴き比べなどの学習と、この練習はつながらない。音楽授業への不当で異常な介入だった。彼女は「君が代」を弾けない者を現場から排除しようとする雰囲気を感じ取り、いたたまれない思いでその練習を見ていた。

鷲野氏は結局「君が代」のピアノ伴奏が上手くできないことがわかり、卒業式の二日前になって、当日の「君が代」伴奏は教務主任の教諭に交代すると、校長が発表した。

それなら鷲野氏の「君が代」指導はいったい何だったのか、「君が代」の背後にある天皇や国歌について、どのような考えや感情を抱くかは個人の自由の範囲であり、公教育において、ある一方のみが尊重され、子どもたちにも積極的に提示されることはあってはならないのではないか。にもかかわらず、それが現実に行われる様子を見聞きし、公平・公正ではない、そう思いながらも、どうにもできない自分に対する無力感に、彼女は打ちのめされた。

「君が代」を弾けないなら学級担任を

この数日後、彼女は校長に呼ばれ、「来年度は音楽室登校をしている子どものいるクラスの学級担任をしないか」と言われ、考えた末に断った。特別扱いをするように思えることは、その子どもにも周りの子どもにも、よくないと考えたからだった。彼女は学生時代から、音楽を通して子どもたちに表現の喜びを伝え、感動を共有したいという願いがあった。このクラスの来年度担任が他の人に決まった後も、校長は彼女を呼び、今度は「入学式では『君が代』を弾いてもらえるか」と尋ねた。彼女の事情や気持ちは卒業式と同じであることを伝えると、「それでは、来年度は学級担任をやってもらいます。音楽専科が『君が代』を弾かないことを続けるわけにはいかない。地域にも示しがつかない」と言ってきた。

担任発表の予定される卒業式の前日、彼女は未明までかかって、何故音楽専科教員の仕事を選んだのか、どんなにか音楽の教員を続けたいと思っているかを書いた。それを朝、校長に渡し、会議の前に話したいと伝えて校長室前の廊下で待った。同僚たちが来年度担当の打診に呼ばれるのに、彼女が何度「話したい」とドアをノックして顔を覗かせても、入れてもらえなかった。会議では、新一年担任以外はすべて保留として発表され、残りは春休み中に発表する、という異例の結果が言い渡された。

その日全国から、「『君が代』を弾かないことの報復として音楽教師を配置転換しないようにお願いします」とのＦＡＸが、校長によると八〇通以上届いていたという。校長はその束を叩きつけ、教職員の質問に答えずに退室した。

音楽専科二名という異例の措置

残りを発表するという三月二九日、彼女は発表の一時間前に呼ばれて「来年度は二年生の担任をやってもらう」と校長から告げられた。理由は「君が代」伴奏しないからと言われた。同席した同僚は、「大変な問題であり、自分たちからは親に説明できない。たとえ校長が異動しても、新年度に学校に出向いて親に説明してほしい」と発言した。その二時間後の会議では、音楽専科と二年担任の一クラス分のみが保留として発表された。発表後、同僚が「佐藤教諭が音楽で何の不都合もないのに、今になって音楽だけ決まらないというのは、理由は『君が代』のこと一つしか考えられない。校長は学校全体や子どものことでなく、そんなものを大事にして人事を進めてよいのか」と問うたが、校長は答えなかった。

彼女は来年度の担当や音楽室を引き払うのかどうかもわからないまま、七時まで学校に残り、もう一度校長と話そうとした。

校長は「先生の音楽という希望を生かすため、その後いろいろ動いてきた。しかしもう一人の音楽専科をすでに新規採用している。入学式ではその人に国歌のピアノ伴奏をしてもらう。そのため、来年度は音楽専科が二名になり、理科専科がなくなる。もう一人の音楽専科については、私が都に大変なわがままを言う形で、音楽の免許しかない人を採用してもらった。そこで来年度、高学年に理科専科がなくなる負担増の分を、先生に音楽以外の教科も持ってもらって補う。音楽は先生に一・二・三年を、もう一人に四・五・六年を持ってもらう」と言った。

彼女は、現在持っている子どもたちを引き続き担当したいので、来年も四・五・六年生を持ちたいと応えた。しかし校長は、一年間音楽を教えてもらった人に卒業式で「君が代」の伴奏をしてもらいたい、そのための音楽専科二名という措置である、と譲らなかった。式での「君が代」伴奏の一点で、学校教育が歪《ゆが》められていく様がはっきりと伝えられている。

この夜は激しい雨、彼女はほとんど眠れずに屋根を叩きつける雨の音を聴いていた。

職場は新年度、このことで大きな負担を抱えることになるのが明らかだった。一年間の教育活動のために最も大切な校内人事が、彼女の「君が代」を弾けないという事情のために、歪んだ形で職場に突きつけられる。職場には申し訳ない。そして何よりも、担任や専科の決定という、子どもたちにとって最も関心が高い大切なことを、「君が代」一つのことで決定した校長の異常な人事と、その背後にあると思われる権力の不当な介入を感じ、彼女は悔しさ、怒り、悲しみの感情に襲われ、まったく眠れなかった。

翌朝、校長との電話による話し合いで、校長は彼女の担当を四・五・六年生に譲り、音楽以外には総合学習を受け持つことで合意した。校長はこの年度末の異動が噂されていたため、それを新校長に引き継ぐことを約束した。しかし新年度、新しい校長の下でその通りに決まっていくかどうか、不安があった。四月から学校全体が、校長の置き土産となる異例の人事の後始末を背負っていかなくてはならない。音楽専科二名になる、という結果を知ったときの同僚の反応も考えると、四月に出勤する日を思って、彼女はとても憂鬱になった。

6 「君が代」を弾かないことに対する鞭

二〇〇二年度、音楽二名体制のなかで

新年度早速、新校長に呼ばれ、彼女の担当教科について「前校長からは何も引き継いでいない」と言われた。彼女は五・六年生の音楽と六年生の家庭科を受け持ち、さらにこの一年間は、新規採用の音楽教員の指導教官の仕事もすることになった。

彼女はあれほど譲歩？した約束が反故《ほご》にされたことに、虚しさを感じた。また、二教科の、しかも家庭科という専門外で実習が多い教科を専科として受け持つことに重荷を感じた。二つの専科教室を行き来し、慣れない教科の教材研究や片付け・準備に時間をとられ、本分の音楽の仕事を充実させられないのではないか、と不安になった。

そのことで職場がぎくしゃくしたスタートになるのを見ることも辛く、職場にいづらい思いがした。こんなことになるなら、彼女が「君が代」を弾かないことを支援しなかったのに、という同僚の声が聞こえてくるような気がした。

学校全体が歪んだ人事体制になり、それを彼女のせいだと思われていると感じたり、彼女自身もそう考えてしまうくらいなら、やはり学級担任になるほうがよいのではないか、または来年の異動を希望したほうがよいのではないか、と苦しみ迷うのだった。

彼女がそう考えることは、「君が代」を弾かない音楽専科の存在を認めない相手の狙いなのであるから、考えないようにしようと思いながら、やはり考えてしまうのだった。自分が必要とされず、自分の存在が同僚や学校に迷惑をかける結果となっているようにも思えてくるのだった。そう思えると、仕事が、さらに生きているのが苦しくなってくる。

五月に行われた人事考課の面接の席上、新校長は、彼女が校地外に借りていた駐車場の契約をやめて電車通勤にするように、と命じた。同居の両親の介護があり、できる限り早く帰宅したいので車通勤を続けたいと彼女が伝えると、校長は「介護があって近くがいいなら、異動したほうがよいのではないか」と応えた。結局、バスと電車による通勤にどれくらい時間がかかるのか、バスの時刻表などを提出して再度話し合うことになった。七月にまた呼ばれたとき、校長は「あなたの家の最寄りバス停へ行き、バスの運転手に朝の道路の込み具合を聞いた。時刻表も写してきた。十分通勤できますね。もし近くがよくて異動を考えるなら、早めに動かなくてはならないので、考えて九月に返事をください」と言った。四月に赴任してまだ付き合いの浅い校長がそこまでして彼女の異動を望むのは、彼女が市内で唯一「君が代」を弾かない音楽専科であり、「君が代」による差別を受けているからであることを彼女は実感するのだった。

それは彼女が彼女であろうとすることを否定されることであり、人としての尊厳を損なわれるように、彼女には思えた。

次の人事考課面接は、一〇月に行われた。校長は、「五・六年の音楽授業を受け持っているので、その指導の一環として卒業式で『君が代』を弾いてもらいます」と言った。彼女の返事に対して、校長と二人の教頭がサッと記録をとる用意をした。彼女が「このことについては、時間をとって話を尽くしたい」と言うと、「大まかでいいから考えが聞きたい」と言って、またメモの用意をした。彼女が「君が代」がそもそも雅楽であることから話し始めると、「雅楽だからピアノでは演奏しない、ということでいいですか」と決めつけた。彼女が「そうは言っていない、話を尽くしたいということです」と伝えると、校長はそれもメモするのだった。

不穏な空気を感じ、彼女が「今年から本人が望まなくても校長が異動具申することがあるのですか」と聞くと、「学校運営上、必要ならあり得る」との答えだった。

彼女は、異動具申の理由を作るために「君が代」についての考えを記録したのではないか、心配になった。これは思想調査ではないのかと思いながら、堂々とそれを批判せずに、相手の様子を窺《うかが》うような自分自身に腹立たしくなる。ではどう対処すればよいのか、との考えが交錯した。

校長は、一方では新規採用音楽専科教員の指導教官の仕事をさせながら、「君が代」を弾かねば異動させるという圧力をかけ続け、彼女を困惑させ疲弊させていった。

朝鮮語の歌の指導に対する調査と嫌がらせ

二〇〇二年一二月二四日、教職員会議終了後、校長室に呼ばれ「話を聞くから座って」と言われ、教頭が記録ノートを持って入って来た。彼女はまた不穏な空気を感じ「何の話ですか」と聞くと、「あなたの授業について話を聞くから座って」と言う。「一人では困る、私も誰かに立ち会ってもらいたい」と伝えると、「あなた個人のことだから必要ない、とにかく座って」と言い、そこへもう一人の教頭も記録ノートを持って入って来た。「何なんですか、三人もいて、三人対一人では話せません」と言うと、校長は「座れ。三回言った」と怒鳴りつけた。

それでも何とか教頭に席を外してもらい、校長との話になった。三日ほど前、彼女の休暇中に匿名の抗議電話があり、「『音楽の先生が授業でハングルの歌を教えた際、北朝鮮の拉致について、日本も同じことをしたと言ったのは問題だ』と大変怒っていた。そういうことを言ったのか」と聞かれた。

彼女は、中国の朝鮮族自治州出身の留学生を招いて交流する際に、ハングルの歌を歌って歓迎しようとした授業の流れと、「朝鮮」という言葉に対する子どもたちの興奮した反応から戦前の話をする必要を感じたこと、隣国の人々に対してお互いに理解を進める必要がある、ということが話の趣旨だったことなどを伝えた。

翌日、彼女のほうから聞き、匿名電話のあったのが彼女の休み中だったために、校長が真偽を確認できず、五年の学年主任に確認するようにと話したことがわかった。さらにそれを受けて学年主任は、自分のクラスの児童にそれを尋ねたこともわかった。

佐藤：匿名電話で何故そこまでするのですか。誰に対しても、そうやって他の職員に確認させているのですか。私の知っている他の匿名抗議に対しては、そこまでしていないそうです。対応が人によって違う、不公平です。

校長：あなたがいれば、あなたに聞いた。抗議電話があったのに、校長が事情を知らないというわけにはいかない。

佐藤：二、三日待てば私が出勤するとわかっていたのに、急いで子どもに聞くというのは考えられません。そのクラスの子どもの様子が何だかおかしいと感じました。そうなるのは当然です。私と子どもたちとの関係を悪くする、信用失墜《しっつい》に当たります。

校長：私は主任に「確認してくれ」と言ったのであり、「子どもに聞いてくれ」とは言っていない。

佐藤：知らない人が確認するには、子どもに聞くしかないでしょう。学年主任は子どもたちに何と言って聞いたのですか。
校長：わからない。学年主任に聞いてからあなたに伝える。

同日四時三〇分に彼女は結果を聞きに行ったが、「まだ学年主任に聞いていないので、聞いてから一月八日に伝える」とのことだった。しかし、一月中に校長からの話はなかった。校長は、彼女を怒鳴りつけ、彼女が尋ねたことには答える姿勢がなかった。

彼女が何より驚いたのは、匿名電話の内容を子どもたちに聞いて確かめたことだった。「音楽の先生がこういうことを言ったのか」と主任教師に聞かれて子どもたちは何と思ったことだろう。彼女と子どもとの間を裂き、授業を難しくする行為だった。彼女を貶めるためでなければ、保護者かどうかもわからない匿名の電話にそこまでする必要はなく、彼女が出勤してから本人に聞くべきであった。すでに校長は、彼女と共に働いているという意識がなかったのであろう。

本当にあったかどうかわからない匿名の電話を口実にした動きを見て、この先は何が起きるのか、彼女は不気味に思った。また抗議の内容から政治的な意図も感じられた。校長は、学校外の力を利用してまでも、「君が代」を弾かない彼女を追い出したいのだと感じ、彼女は、これから先どうなるのかと不安な年末年始を過ごした。

匿名の抗議電話と同じように、彼女はいつも誰かに見張られ、後をつけられているような気がするようになった。私生活においても気が抜けず、目立たないようにしようと努めながら、どこかで緊張して休まることがなくなっていた。

二月一二日、教職員会議の直後、校長に呼ばれた。「例の抗議が匿名ではなくなったので、明日取り調べる」と。翌日、匿名の人が名乗ったうえで、「そういう人に卒業式の指導を受けることは不安である」という抗議になったと伝えられた。

しかし、そのまた翌日に「やはり匿名だった」と変わり、「都教委に抗議が行き、市教委では都から調査するように言われたので、私があなたから聞かなければならない。話の内容を出すように」と言われた。

彼女はこの新たな命令から、授業についての一連の抗議が、「君が代」を弾かない音楽教員である自分へのバッシングであると確信した。「卒業式の指導が不安である」とは、まさしく「君が代」についてのこと以外に考えられなかった。

彼女は一月に「君が代」を弾けない理由を書いたものを校長に提出していた。校長はこういうバッシングによって彼女をいづらくさせ、学校現場から追放し排除していくのだ、と感じた。

それは、この年度、音楽専科が二名になったときからずっと彼女が感じていたことだった。「君が代」を弾かないからそのように措置する、というのではなく、彼女の一つひとつの行動などについて貶めようとする、陰湿なものを感じた。

しかし、校長宛てに提出した文章のなかに、「『君が代』を弾きながら生きること、その両立は多分できない」と書いた、主に信教上の理由から「君が代」を弾くことができない事情は変わりようがなかった。それでもなお、そのために様々なバッシングを受けることは、「あなたはあなたとして生きていないほうがよい」と言われているのと同じことに思えた。自分では変えようがないこと——顔や体や名前のことでいじめられると同じである。彼女は、自分が学校からいなくなるように望まれていると思うたびに自分自身が卑屈になっていき、希望を持って生きていく力がなくなりそうだった。

卒業式の一週間前、彼女は六年の学年主任から、国歌の伴奏はどうするのかと聞かれた。校長は、自分が参加する合同練習のときから、もう一人の音楽専科にも練習に出るように言い、その人は担当の二・三・四年生の授業をしないで参加し、練習を見ていた。しかし、合同練習に「国歌斉唱」が入る日になっても「君が代」の伴奏について校長からは何も提案がなかった。六年主任が、「今日から練習が始まるので決めてほしい」と校長に言いに行き、その直後彼女は校長に呼ばれた。校長室の机の前に直立不動で立ち、険しい顔になった校長は、「話が二点ある」と言った後、恫喝するような大声で「あなたは卒業式で『君が代』を」と言ったので、その勢いと雰囲気から、とうとう校長は私に伴奏の命令を出すのだと彼女は思った。続けて校長は、「弾かなくていいです」と言い、「もう一人の音楽専科に弾いてもらう」と言った。「もう一点。例の北朝鮮の話についての抗議だが、明日の保護者会で保護者がその後のことを聞きたいと言っている。あなたが出て説明するか、私が出ていって話してよいか」と言った。その前の保護者会では、その話が出されたものの、どのクラスも唐突な話に意見がなかったと言われたので、この展開は不自然に思え、彼女は五年の担任を含めて話を聞きたい、と答えた。

何故そんな不自然な展開になったのか。その後、五年の一人の親と電話で話すなかで経過を知った。その人の子どもがいるクラスの担任は五年学年主任であり、中間管理職試験を受けて合格していた人だった。その担任は子どもたちに「一二月初めの個人面談で音楽の授業での話に抗議があったから」と言い、まず子どもたちに彼女が何を話したのかを聞いたのだった。その人の子どもは、音楽の授業が大好きなのにそんなことを聞かれ、何故なのかと訝《いぶか》しく思ったという。次に、その担任は一二月二〇日ごろ、彼女の話の内容を子どもたちに書かせていた。「僕だってこんなことはしたくないが、校長先生から言われた。家に帰っても、このこと(彼女の話の内容を書いたこと)は他に言わないように、とお家の人に言ってください」などと話した、とのことだった。「子どもは、自分が書くことで、佐藤先生が不利になるのではないかと思い、とても心配になって母親に話した。また担任から聞かれるまで、佐藤先生の話に特に疑問を持ったことはなく、友だちの間でも話題になることはなかったが、そうして書かせられて初めて意識したようです」と話してくれた。

その電話の後、校長と五年担任と彼女との話のなかで、彼女は学年主任に対し、何故彼女に直接聞くことなく、また彼女に黙って子どもに書かせるようなことをしたのか、と尋ねた。主任は「校長に言われたからです」と答えた。校長は一二月、「主任に調べるように言ったが、子どもに聞くようにとは言っていない」と話していたので、「それなのに校長は、書かせるようにとまで指示していたのですか」と問うと、校長は無言だった。

翌日の保護者会に、彼女と校長の両方が出席し、彼女は匿名の抗議があったという授業について、話の経緯や趣旨などを話した。

親からは、校長に対する抗議が相次いだ。「担任は、校長に言われて子どもに書かせ、それを見ないで校長に渡した、と言っているが、書く目的についての説明や書いた結果の指導がないままでは教育とは言えない。校長は教員を貶めるために、ただ子どもを利用しただけではないのか」、「匿名という、実際にあるかどうかもわからないもののために、子どもに書かせてまで調査するのは行き過ぎ。子どもたちも疑心暗鬼になってよくない。今後こういうことは絶対にしないでほしい」などだった。これらの親たちの声に、彼女はとても救われる思いがした。

二〇〇三年卒業式

すでに記したように、二〇〇三年卒業式での「君が代」伴奏については三月一六日の国歌斉唱練習が始まる日になっても、校長から示されなかった。

校長は、二〇〇二年一〇月の教職員会議で早くも、「君が代」については「卒業式・入学式ともにピアノ伴奏とする」との方針を示していた。一二月に卒業式役割分担として、「音楽・音楽指導」の欄に音楽専科二名の名前入りの提案・決定がされていた。彼女は二〇〇三年一月、校長に対して「君が代」を弾けない理由を書いた文書を提出した。

この年から会議での提案は、すべて管理職が事前に目を通し、その意に添わないものは書き直させる検閲制に校長が変えたため、昨年度までのようにピアノ伴奏の是非について会議で論じたり、国旗国歌について子どもたちに強制が行われないように話し合うことはできなくなっていた。

このような経過で、具体的には誰が「君が代」のピアノ伴奏をするのか、卒業式の一週間前になっても職員に知らされず、彼女は自分に伴奏の職務命令が出される可能性も考えながら、卒業式の練習を進めた。

学校には二月下旬ころから、思想・良心・信教の自由を守るために「君が代」のピアノ伴奏をしたくないとする音楽専科教員に対して、憲法を遵守し強制しないように、との文面で全国から発信された葉書が第二小校長・教職員宛に届き始めた。それについて、校長は文面を挙げて、「形式が同じなので特定の団体が動いていると考えられる」とする文書を配ったが、ピアノ伴奏について今年どうするのか、一切触れることはなかった。

その後、彼女が校長に呼ばれて「弾かなくていいです」と怒鳴るように言われたのは前述した通り。その日の練習から、式で歌う曲のうちの「君が代」だけを、もう一人の音楽専科がピアノで伴奏した。マイクを持って「もう少し大きな声で。もう一回歌いましょう」と何度も歌わせる鷲野嘱託員が昨年行った指導を、この年は教頭が行った。

彼女は、自分ができないと言ってきたことを他の人が代わってくれたことに、安堵《あんど》できなかった。そこに貫かれているのは、「君が代」を受け入れられない彼女を、教育の現場から排除しようとする態勢であり、子どもたちには有無を言わさずに、「君が代」を大きな声で歌わせる強制が行われていたからである。

「あなたは要らない」というメッセージ

二〇〇三年度の担任希望を提出する時期になり、二〇〇三年三月一八日、彼女は第一から第三希望のすべてを音楽の希望とし、担当学年だけを変えたものを提出した。三月二〇日、会議で校長が約束した通りに、第三希望までに入らず希望外となる人が皆、校長に呼ばれて話をした。が、彼女は呼ばれなかった。しかし、第三希望までに入っているとは彼女には思えなかったため、三月二四日、校長に聞きに行った。

佐藤：私は希望を音楽しか書いていませんが、校長は私には他の教科も担当してもらうと言っていたので、第三希望までに入っているとは思えません。そういう人は皆呼ばれたらしいですが、何故私は呼ばれないのでしょうか。

校長：希望を出したのが遅かった。一八日でしょ、もう決めた後だった。

佐藤：希望外の人は皆二〇日に呼ばれているので、それには間に合ったはずでしょう。
校長：あなたの希望が書いてある調査用紙は読みましたから、わかっています。
佐藤：第三希望までに入っているのですか。
校長：それは言えない。まだこれから(決める)。
（これは、先に話した、彼女を呼ばなかったのは、もう決めた後だったから、という内容と矛盾する）
佐藤：第三希望までに入っていないなら、他の人と同じように呼んでほしかったです。音楽以外に何の教科を受け持つのか、いきなり発表するのではなく、私の希望をひと通り聞いてほしいのです。音楽の担当学年などはもう決まっているのですか。
校長：だからこれからです。呼ばなくてもあなたの希望はわかっている。
——話の途中で退室させられた——

担任希望調査は全教員が提出しているものであり、それを読んでわかっているから彼女だけ呼ばなかった、というのは不出来な言いわけだった。会議で約束したことを彼女にだけ果たさないのは露骨な差別である。校長は来年度人事について、必ず彼女に悪い結果を突きつけようとしているのだ、と彼女は思った。

三月二五日、卒業式後の会議で、来年度の担任と専科が発表されることになっていた。その日の昼食時、多くの同僚から、卒業式での子どもたちの合唱と合奏が素晴らしかったと話されたが、校長は終始無言だった。

この日、担任については予定通り発表されたが、専科の教科および担当学年は保留とされた。また、専科主任と各学年の主任が発表され、主幹のいる学年は主幹が兼ね、他は最年長者および二小に一番長く在職する者が主任とされた。しかし、専科主任は、彼女より一回り以上年下で、二小での経験年数も少ない図工専科教諭が主任と発表された。図工専科教諭自身もこの決定に驚き、「何故佐藤先生が専科の主任ではないのか」と意見を言った。彼女は、度重なる校長の嫌がらせに、信条への露骨な差別を感じた。

しかも、主任人事以上に、専科の担当が保留になったことが気にかかった。昨年も前校長が三月二五日に担任発表を行った際、音楽専科と二年生の担任一名分を保留とされた。前校長は、「音楽専科が『君が代』を弾かないことを続けるわけにはいかない」と言い、彼女に学級担任になるように言っていたが、彼女が固辞し、その結果音楽専科が二名という異例の人事になったのだった。

二年続けて、年度最終登校日に発表される担任・専科担当が保留となる異例の措置に対して、校長が前校長の考えを引き継いでいると思われ、彼女は不安でたまらなかった。しかしこの日が年度最後の会議であり、積み残された議題が残っているにもかかわらず、校長は四時になると打ち切って退室した。

会議終了後、すぐ彼女は保留部分の発表がいつになるのか、聞きに行った。校長は、「春休み中に話す」と言った。彼女は、話し合いの余地を残してくれるように求めたが、校長は「私が決める」と強調し、話を打ち切った。

彼女は、その日の卒業式とそれまでの練習を振り返り、卒業生と四年生のときから三年間の授業を通した関わりを持てたことが、子どもたちとの信頼関係や音楽活動を作り上げるうえで重要であったことを改めて思った。卒業生は、式で歌う歌を皆で選曲し、最後の舞台で力強く歌って巣立っていった。彼らは誇りと自信を持って自分を表現していた。その姿を見て、彼女は音楽科の教員としてこの上ない喜びを感じた。この思いを校長に伝え、「来年度は是非また五・六年生の音楽を受け持たせてほしい」と話したかった。しかし、校長は話を聞こうとしなかったので、自己申告書の最終意見欄(三月三一日)にその旨を書いて伝えたのだった。

四月一日は年度の初日、多くの職員が出勤していた。図工専科教諭は午前中に校長に呼ばれ、担当学年について昨年同様との話を受けた。彼女は四時半になって、持ち時間のことで話がある、と校長に呼ばれた。

校長：二人の音楽専科を有効に使い、一〜六年の音楽を専科にすることは、前にも述べた通り。
　しかし、それだけでは高学年の担任の持ち時間数が多くなる。あなたがどのように持つか、八通り考えた。結論は、もう一人の音楽専科に三・四・五・六年の音楽を持ってもらう。あなたには一・二年の音楽と五年の家庭科を持ってもらう。

佐藤：家庭科についても六年にしてほしいのです。それより音楽のことで驚いています。私の第一希望は四・五・六年の音楽。希望調査にも、「二〇年間、四・五・六年の音楽を受け持ってきた経験を活かしてほしい」と書きました。一・二年の音楽では、それをまったく活かせないからです。

校長：もう一人の音楽専科教諭を育てるためにこのようにした。昨年度は新採（新規採用）であり、二・三・四年生を持っていたので、今年は高学年を経験してもらう。経験しないといつまでも育たない。

佐藤：それなら、今年は五年生だけにしてください。六年生は今まで私が受け持ってきたのに、持ち上がらないのは不自然です。五年生なら昨年もう一人の人が持っていて、それを持ち上げることになり、スムーズに高学年の経験ができると思います。私も、もう一人の人が高学年を経験することを考えて、第三希望にはそういう案を書きました。そして来年六年生を持つ、というようにしたほうが、その人にとっても無理なく五・六年を経験できるのではないでしょうか。

校長：五・六年両方を今年経験してもらう。新採の人を育てるというのが、私の大きな方針です。

佐藤：育てるのはよいですが、そのために私の希望をまったく聞かないのは、不公平過ぎます。

私もすべて譲らないと言っているのではなく、一年間待ってほしいと言っているのです。今年の六年は私が四年のときから教えてきたので、今年は六年を是非持たせてほしいのです。家庭科も、五年ではなく昨年と同じ六年にしてください。五年生では、昨年一年間かけて行った教材研究や教材作りを活かすことができず、また時間をかけて、一からやり直さなければならなくなりますので。

校長：もう決めました。

校長は五・六年については譲らず、「あ、五時になった」と言って、話を打ち切った。話が終わった時点では、多くの職員は退勤していたため、他の職員に報告もできなかった。彼女は無力感に打ちひしがれて、帰宅した。

翌日、もう一人の音楽教諭が固辞したため、それ以外の専科三名で、音楽の持ち方について校長に話しに行った。主任である図工専科は、彼女が五・六年生を持つのが自然であると話した。しかし、校長は、決して譲らなかった。

その頑《かたく》なな態度を見て、彼女は前年一〇月の人事考課の面接を思い出した。

校長は「五・六年の音楽を担当しているので、『君が代』のピアノ伴奏をしてもらう」と言った。つまり「『君が代』を弾かない人に、五・六年生の音楽を持たせることはできない」という意味だった。しかしそうは言わずに、若い人を育てると偽ったのである。

彼女は、自分が学生時代に選んで以来ずっと生き甲斐としてきた音楽教員の仕事を、今まで通り続けたいと願っていただけだった。音楽の教員としての仕事ぶりや内容について評価の結果、高学年担当を下ろされるのなら、まだ諦めがついた。しかしそうではなく、何故いつも「君が代」をすべてに優先するのか、納得できなかった。

また、一・二年生の音楽は学級担任が受け持つことが多く、忙しい高学年については専科を当ててきた。校長の提案は、彼女の音楽教師としての存在価値を奪おうとするものだった。彼女は「これでは、『あなたは要らない』と言われているようなものです。こんなやり方ではなく、異動してもらいたいと率直に言ってください」と、涙がこみ上げるのを堪《た》えながら彼に話したのだった。

四月四日の前日出勤で、校長はいきなり「確認です」と言い、専科の教科と担当学年を発表した。

専科の担当学年について、多くの同僚が挙手をして発言を求めた。

同僚教諭：昨年いわく付きで音楽専科が二名になり、今年は担当学年がやっと今日発表になったが、子どものことを考えているとは言えない。高学年をずっと担当し力量のある佐藤教諭が、今年も高学年を持つのが子どもたちにとってもよいはずなのに、何故高学年を担当しないのか。親や子どもたちからも不満が出ると思うが、何と答えればよいのか。

校長：人事のことなので、話せない。

朝は時間もないので、多くの教諭が引き続き午後話したいといったが、校長の一言で終わりになった。午後の会議で、彼女も発言した。

佐藤：今年の専科の学年について、きわめて異例な形で決められました。三月に原則が示されましたが、それが反故にされました。「どうしてこうなったのか」という今朝の職員の質問に答えてほしいのです。私は希望に反して高学年の音楽と、六年の家庭科さえ持たせてもらえませんでした。今日登校して来た六年の子どもたちを見て、四年のときから担当していたので複雑な思いでした。
校長は、私には「新採の人を育てるため」と言いましたが、それを何故皆に言わないのでしょうか。昨年、私の授業での話を子どもに書かせたことも関係があるのかと、疑心暗鬼になります。

同僚教諭：何故、六年の家庭科を持ってもらわないのですか。担任は五年より六年が忙しいのです。皆子どもにしわ寄せが行くことです。校長は、子どものことを一番に考え、子どもが質の高い教育を受けられるように人事を進めるべきでしょう。何故そうならないのですか。何か違うものを大事にしているとしか思えません。

校長：朝も言ったように、人事のことには答えられない。

そう言い捨てて、校長は退室した。

子どもたちとの接点が主として「授業」である専科教員は、たとえ何十年経験したベテランであっても、絶えず魅力的な教材を開発し、よりよい授業を創っていく努力をしている。とりわけ二〇〇二年度からは、音楽の授業時間数が大幅に減らされ、学校教育での音楽の教科としての真価が問われているときであるからこそ、なおさらだった。

しかし、多くの音楽教育研究会の対象であり、行事や委員会などの中心的存在でもある第二小学校の高学年の授業を彼女は奪われてしまった。音楽専科としての自分の力や経験を発揮させる機会を奪われ、変化の激しいこの時代に、一人取り残されたように彼女は感じた。

子どもたちと音楽の感動を共有する、働く喜びを奪われたと感じ、彼女は淋しくてたまらなかった。

二〇〇二年度から校長の命令で、音楽以外に家庭科を受け持った。希望は四・五・六年の音楽だったが、もう一人の音楽専科教員が音楽の免許しか持っていないため、全科の免許を持つ彼女が二教科の専科を担当することになった。

これについて、音楽専科二名体制を告げて異動していった澤幡前校長は、「私が都教委に大変なわがままを言って、音楽の免許しかない人を採用してもらった」と話した。このとき前校長は、「音楽専科が『君が代』を弾かないことを続けるわけにはいかない」と説明していた。

音楽の免許しか持たない人は、当然毎年音楽専科であり、その人を無理やり入れることによって、彼女の音楽専科としての最も大切な仕事である「授業」を減らしながら、音楽教師としての生命を断とうとしているのだ、と彼女は感じた。その後を受け継いだ川島校長は、二〇〇二年四月に赴任し、彼女が音楽以外に家庭科を持つことを決定した。

専門ではない教科を、専科として受け持つのは大変なことだった。初めての経験である家庭科の教材研究や授業の準備に、多くの時間をさかなければならなかった。音楽科の研究や授業の準備をそのために減らすことが辛く、結局は遅くまで学校に残ることが多くなった。針や包丁・調理のガスなどの危険を伴うものを使用する家庭科の準備は、どうしても優先させなければならなかった。生き甲斐でもある音楽の仕事に対して、思うように時間をとれないことで、彼女は苦しみ続けた。

専科教員はどこの学校でも、通常高学年から順に受け持つため、もし専科教員が病気などで講師を採ることになった場合、三年生以上のクラスについてのみ、講師が配属される。たとえ日頃一・二年生の授業を専科教員が受け持っていても、その分は専科の仕事として、教師で補うほどの価値はない、と都教委は考えているのであろう。実際に彼女は、二〇〇四年四月から杉並区立杉並第四小学校へ異動になったものの、三月から続く病休のため、四月からは代わりの講師が手配された。杉並四小はほとんどの学年が単学級のため、専科は一～六年の全学年を持っていた。しかし、前述のような制度のため、三～六年の授業数の計一〇時間分しか講師が配置されなかった。

二〇〇三年度の彼女の授業担当についての校長案、「一・二年の音楽担当」というものは、音楽専科教員を志し、その仕事に生きる喜びを見出してきた彼女にとって、生きる意味を否定するものだった。

国立二小勤務最後の年に起きたこと

そうして始まった二〇〇三年度、校長との話し合いでわずかながら譲ってもらい、彼女の音楽の担当学年はやっと三・四年になった。活発で明るい子どもたちと出会い、今までの高学年の教材を作り直して手応えを得た。彼らの笑顔と歌声を支えに、彼女は仕事を進めることができた。

五月連休に行われる「くにたち国際交流フェスティバル」に合奏で出演しようという五年生有志の子どもたちに頼まれ、朝や休み時間の練習を始めた。中国から一橋大学への短期留学で国立市に滞在する学生たちが、伝統楽器の二胡《にこ》を弾き、子どもたちがそこに音楽室の楽器を加えて始めた合奏だった。彼女は合奏の選曲、編曲を指導しながら、中国の楽器と普段見慣れた楽器の音色が溶け合い、美しい音楽を奏でるのに感動した。子どもたちも、その魅力的な音との出会いと不思議な融合に心惹かれ、練習に熱が入った。当日はチャイナドレスと浴衣姿の衣装の子どもたちの演奏に、彼女も沖縄の三線《さんしん》で参加した。文字通りの国際交流の音色に子どもたちは盛んな拍手を浴びた。その様子は、朝日新聞多摩版に写真入りで大きく報道された。

校長は、これに対して、親の側の楽器借用手続きが遅れたと言い、楽器の搬出入を手伝おうとする教員には休暇を取って行くように命じた。校長は朝会で表彰することが好きで、休日に行われた私的な大会や、個人参加の剣道大会、ピアノコンクールについては賞状を渡し、校長室前に張り出したりしていた。だが、この国立市主催のフェスティバル参加については、無視した。彼女は政治的意図をもった無視に、どうしようもない冷たさを感じとった。

嫌がらせと差別的扱い

これは一例であり、二〇〇三年の一学期だけでも、校長・教頭による嫌がらせは少なくなかった。

六年の移動教室付き添いについて、付き添いを希望して彼女が、調査用紙に書いたにもかかわらず、打診を受けげず、他の希望していない人に次々に当たり、最終的に付き添いを希望していなかったもう一人の音楽専科教諭を、付き添いに決定した。

子どもに対して「時間泥棒」(ミヒャエル・エンデの『モモ』の言葉)と言ったのは、子どもを泥棒呼ばわりして人権侵害になる、とのことで校長から呼ばれる。匿名の親からそういう抗議がきた、と言われる。こんなことで、教頭が子どもの前で「校長があなたの指導の問題で呼んでいる」と言いに来た。

前年は、新採音楽専科教員の指導教官として、彼女が新採者の授業を見て助言し、新採者はそれを市教委に提出しなければならなかった。この年も、同じように、時々空き時間には音楽室で授業を聞き、後で助言をしていた。ところが、校長は教頭を通して、もう一人の音楽専科教員の授業中は「職員室で仕事をするように」と矛盾したことを言ってきた。

このようないじめが続き、それが「君が代」を弾かないことの報復であると思うたびに、彼女は言いようのない疎外感に襲われるのだった。

異動を具申される

二〇〇三年一〇月の人事考課の面接で、川島校長は彼女に「異動も選択肢のひとつ」とほのめかし、一一月には異動を具申することを伝えた。彼女を排除するために音楽専科の教員を増員したうえ、「二小では専門外の家庭科も担当しなければならないので、音楽の能力を活かすため異動せよ」と言われるのは、あまりにも理不尽であった。

しかも、彼女は老いて介護を要する両親を抱えており、校長に事情を伝えてあり、国立市教委からも介護事情について文書を出すように言われ、一一月一四日に提出していた。

彼女は、両親と同居しており、父親は八〇代で要支援認定、母親は七〇代後半で要介護2の認定を受けていた。父親は脳梗塞による後遺症のため、歩行に転倒の危険が伴った。前年、家の中で転倒し、肋骨を骨折している。母親は脳内出血の後遺症とアルツハイマー病により、自力での歩行や排泄が困難だった。最近も室内で転倒し、後頭部を六針縫っていた。

これ以上の負荷には耐えられない、ぎりぎりの状態に彼女はいた。

しかし、二〇〇四年三月四日、杉並区立杉並第四小学校へ異動内示があった。杉並四小は現任校より三〇分以上の通勤時間を要し、片道八〇分ほどかかる。それでも杉並四小の校長に音楽専科として働けるのか、電話で聞いた際に、「四小には伝統的な合奏団があり、その指導をしてもらいたい。指導の時間帯は通常土曜日、無理な場合は早朝である」と言われた。

三月初めより、胃のあたりが刺し込むように痛み始めた。三月一二日、胃の内視鏡検査を受け、多数の出血が発見され、病院へ救急車で運ばれ、緊急入院となった。同病院で、内視鏡下に八カ所の止血が行われた。三月一二日から二五日まで入院、翌日に転院となり、三月二六日より四月八日まで、出血性胃潰瘍で入院している。三月一五日付の病院の医師の診断書では、「胃潰瘍の原因として精神的なストレスが増悪因子と考えられるため精神的な負担の軽減が望まれる」と書かれている。転院先の病院の医師による三月二六日付の診断書にも「胃潰瘍の原因として、心身的なストレスも考えられるために職場環境に配慮していただけるようお願いします」と書かれている。

ヘリコバクター・ピロリ菌が発見されて以降、慢性の胃潰瘍はH・ピロリの除菌が勧められてきた。だが彼女の場合は、急性の出血性潰瘍である。

これらの急性胃粘膜病変の誘因として、『医学大辞典』（医学書院、二〇〇三年）では、「中枢神経系障害、熱傷、外科手術、精神的緊張など種々のストレス、アルコール、アスピリン、ステロイドなどの薬物摂取が挙げられている。病変は浅く多発性で胃内のどこにでも発生し、誘因が除かれれば急速に治癒し、慢性潰瘍への移行はみられない。〔三木一正〕」と記述されている。

彼女の急性出血性胃潰瘍は、これらの誘因のうち明らかに精神的緊張によるものであり、治療にあたった二人の内科医もストレスの軽減をあえて書かざるを得なかった。六年間にわたる絶えることのない脅迫、苛め、理不尽な強要に葛藤しながら耐えてきた佐藤美和子さんだったが、もはや身体が耐えられないと張りつめた精神に伝えたのだった。もし急激な胃出血の発見が遅れていれば、出血性ショック状態に陥り、生命の危険があったと考えられる。

入院中の彼女から、著者は電話を受けた。

「主治医は、診断書に『精神的な負担の軽減が望まれる』と書いたものの、入院加療期間については二週間を譲らなかった。二週間以上入院する例があった場合、治療の内容が問われると主治医は言う」と彼女は話した。

さらに、校長が主治医に退院の見通しを電話で問い合わせ、主治医は翌日の内視鏡検査で退院の見通しが立つと返答した。驚く彼女に「私は中立です」と答えたという。医師は患者に無断で治療予定など一切を話してはならない。患者を治療する医師に「中立」という言葉はおかしいが、患者の情報を漏らすようでは中立ですらない。

「『君が代』強制によって、殺される」。彼女は本気でそう思っていた。


「君が代」を弾かないことに対して、こうして手を替え品を替え、いつ何をされるかわからないという状態にさらされる、攻撃の手が緩むことはない。彼女はそう感じて、絶えず不安な思いを抱いている。目に見えるものよりも、目に見えない攻撃や弾圧のほうが、はるかに人間の精神を脅かし追い詰めることを、彼女は身をもって知らされた。

さらに、何か事あるたびに、これも「君が代」を弾かないことの報復なのではないか、そうに違いない、と勘ぐる自分を嫌悪するまでになった。

強制する側の校長や教育委員会の人々は、「断じて『君が代』とは関係がない」と言う。「『君が代』の報復」であることは、誰の目にも明らかである、と彼女は思う。しかし、「報復ではない」と言われる限り、それを立証しなければならない、と思う。それは、塞がりかけた傷口を開けて、その深さを見せようとするようなものである。どんなに辛い思いをして因果関係を示しても、相手に「知らない、関係ない」と言われればそれまでなのであろうか、彼女は暗澹《あんたん》たる思いに陥る。

「私はただ、子どもたちに音楽の喜びや感動を伝えたいだけだった。音楽の喜びや感動は、歌うことが大好きな、幼稚園教諭でもあった母親から譲られた、大切な贈り物だ」と彼女は思っている。それが、「君が代」不服従のために、奪われようとするなど、かつて予想もできなかった。「君が代」を弾かないために、心身ともに追い詰められ、打ちのめされ、あるいは大切な音楽を奪われようとするとき、仕事だけでなく、大切なすべてが否定される、と彼女は思う。

両親、祖父母、家族、友人、音楽、讃美歌、信仰、熱い思い、幼少時代の思い出、学生時代の思い出、結婚して築いた家庭、出会ったすべての人たち、出会った大勢の子どもたち……。「君が代」は、彼女の愛するものすべてを否定し、押し潰そうとする。なぜなら、「君が代」は、彼女が彼女であることを否定するからである。

そんな理不尽な重圧感、緊張感、絶望が絶えずつきまとい、心の休まるときがない。

7　精神医学的考察

六年間にわたる抑圧

二〇〇〇年から今に続く「君が代」伴奏の強要、季節的に繰り返される攻撃、季節ごとの苦しさから一年中かぶさってくる重圧感への移りを記述してきた。彼女は音楽教師の職業選択を、はっきりした動機から行っている。

小学生のときから習ったピアノ、ショパンのスケルツォの思い出、東京学芸大学生時代の民族音楽サークルでの確信――音楽は生きている喜びを伝え、聞く人と共に感じ合う、人間の根元的な表現であるという確信――そして子どもたちと作った『幸福の王子』の体験から選んでいる。消去法で音楽教師を選んだのではなく、音楽を通して子どもと生きることの喜びをつかんだうえでの選択だった。それから一五年ほどの小学校音楽教師の生活から、若い日の動機を豊かにし、天職にまで高めてきた。荒れる子どもたちがバンドを作って居場所を見つけていったとき、クリスチャンの彼女は、自分の仕事が神から呼びかけられた使命と感じた。彼女は良心の教師になっていた。

そんな彼女に、一九九九年、国立市立国立第二小学校に異動になってから、国旗国歌強制の影が差してくる。強制に耐えられず、密かなメッセージとして、水色のテープをねじってリボンにし、胸につけた。それは平和を願うコバルトブルーのピースリボン(市販)ではなく、手作りのものだった。だが、卒業式の服にリボンをつけていたことで、訓告処分を受けた。歳末助け合いの「赤い羽根」などをつけても、公務専念違反とはされないのに、恭順でないとみなされた者はすぐ処分される。

彼女は、校長による強制、リボン処分への偽りの聴き取り、恫喝に直面し、教師の試験を受けたときには想像だにしなかった教育行政の堕落に打ちのめされる。音楽こそ自分をのびのびと表現する、そう子どもに伝えてきたのに、六年間を記念する卒業式ではまったく逆に、自分を喪《うしな》って強制支配される。政府文科省、都教委、校長という縦の命令によって、しかもその縦のシステムは背後に隠れており、校長が自主的判断で行っているかのごとき形をとって言ってくる。それゆえ、当の校長にわかってもらおうと努力すると、校長は対話を拒絶し、背後の命令システムを暗示する。

教育基本法においても、児童憲章においても、命令という言葉ほど異質なものはない。教育は対話によって成り立っており、命令は教育を破壊する。ましてや納得できない命令は、強制労働(『労働基準法』第五条、意思に反する労働の強制禁止)である。憲法や憲章に思想および良心の自由が明記されており、憲法第一八条には「その意に反する苦役に服させられない」と苦役からの自由も認められている。しかし、いかに校長に同じ教育者として語りかけても、否、語りかければ語りかけるほど、彼は遠ざかって小さくなり、強張ってしまう。彼が言外に伝えているのは、自分は奴隷的拘束下にあり、拘束している者は誰かわかっているだろうという暗示である。

彼女がささやかな抗議の意思を表明すると、校長の背後にあるシステムの一端が現れ、やはり問答無用の尋問を行い、処分のプロセスが理不尽にも進められていく。

彼女は思う。教師の職を選んだとき、「日の丸・君が代」の強制は伝えられていなかった。憲法と教育基本法の尊重と擁護の義務が求められていた。これは約束違反である。しかも、子どもの前で意思に反する労働が強制される。自由にのびのびと自分を表現しなさい、音楽はそれを可能にするでしょう、そう言ってきた彼女は、子どもの前で信頼を裏切ることになる。裏切りと強制の連鎖に、彼女もまた組み込まれることになる。最後に子どもが強制され、他者を信じられず自分を素直に表現しない人間になってしまう。

ここまで裏切る校長や都教委への失望、怒り、悔しさ、子どもたちへの罪責感、音楽教育に打ち込むことによって培ってきた信念の剥奪、剥奪による悲哀の重積。

こうして、彼女は不眠となり、よく泣くようになる。校長に苛められている場面が浮かんできて、抗議しながら涙が頬を伝っている自分に気づく。「職務専念義務違反」という処分は、これほどまで教師の仕事に打ち込み、卒業式でも完全に仕事をこなしてきた彼女にとって、あまりにも理不尽であった。リボンをつけただけで、教師としての評価は全否定された。

さらに二〇〇〇年末から、式次第への「君が代」斉唱の一方的導入だけでなく、「君が代」伴奏が命じられる。これは多数の中の一人としての参加の強制をはるかに超え、積極的な悪への加担である。なぜなら、キリスト者にとって天皇を称える歌は、戦前のキリスト者殺害につながる歌であり、清貧に生きた牧師の父の人生を否定するものであり、彼女の信仰をないがしろにするものだったから。しかも、小学生のときからピアノを弾いてきたこの手、この指で、生徒と親たちと同僚に強制する実行者とされる。強制の犠牲者、追悼者から、さらに加害者、強制をリードする人にさせられる。

この拷問は、毎年繰り返されると気づいたとき、彼女は「日の丸・君が代」のない世界、死後の世界へ行きたいとさえ思う。それを精神科医である私に告げるのであった。死ぬほうが、強制され、いたぶられて生きているより楽に思える。反復される暴力、出口のない将来が、彼女の思考を閉塞させ、広島県立世羅高校の校長の自殺も、わがことのように関係づけられる。攻撃者への怒りは、勤務している小学校で死ねば少しは理解してくれるだろうか、そう想像するまでになっている。

こうして、「君が代」は精神的外傷になる。これまでは気に留めていなかった「君が代」の頁に行き当たると、思考停止になり、不安に襲われる。台所に立っているとき、本を読んでいるときも、伴奏を強制され、抵抗しても潰されていく自分が浮かび、恐怖の感情が圧倒してくる。「君が代」暴行がフラッシュ・バックする病的体験となっている。拷問や強姦後の体験と同じである。

眠りが浅く、悪夢にうなされる。夢のなかで校長による強制に抵抗し、驚愕《きょうがく》して飛び起きる。日中、集中力がなくなり、現実感がなくなったりする。苦痛な外傷体験の反復的侵入から逃れるための、軽い乖離《かいり》だったと考えられる。音楽への感情も変わっている。

それから六年間、様々な抑圧がかけられていった。校長は、彼女にピアノ伴奏を強制するとともに、問題が大きくなって自分が不利益を被らないために、彼女を排除する策略をとる。音楽専科をはずし学級担任に変えようとした後、余分な音楽専科の教師を増員し、彼女を無力化していく。しかも、新任の音楽担当を減らしていった。矛盾した命令によって彼女を混乱させ、絶望させる手段を採ったのである。

二〇〇二年四月、新校長に代わって、彼女の排除と無力化策動はさらに執拗になる。校長は、外部の匿名の電話を口実に、彼女の授業の秘密調査を行い、授業に介入してくる。校長も加害者の心理過程として、恭順しない被害者へ怒りをぶちつけ、不安定になり怒鳴ったりした。こうして、加害者と被害者の閉ざされた関係、悪循環する攻撃と精神的外傷の相互関係に陥っている。さすがに校長は、この憎悪を募らせる関係が嫌になったのか、二〇〇三年冬より、上司の権力をもって彼女との関係を絶ち、短い命令だけを伝達するようになる。

晩秋から初春まで悪化する彼女のストレス障害は、音楽の授業時間を減らされ、季節変動からすでに年間を通しての持続する障害に変わっていた。とりわけ音楽教師が家庭科を受け持つ歪んだ人事になってから、自分のために同僚に迷惑をかけているという自責感が強くなっている。「こんなことになるなら、『君が代』を弾かないことを支援しなかったのに」と言う同僚の幻の声が聞こえてくるように思えるほど、敏感になっている。自責感、言う通りになり学級担任となり音楽専科を辞めるか、なぜこんな不条理が許されるのか、負けてはならない、孤立感、喪失と悲哀を行き来し、消耗していった。

良心の人

ここで、彼女の性格を見ておこう。

職業関係において、彼女は、几帳面、堅実、綿密、勤勉、強い責任感に貫かれており、対人関係においても、誠実、正直、律儀、他者への思いやりに生きている。良心の人であり、他者に負い目を感じることに敏感である。控え目の人ではあるが、自分自身への要求は厳しい。このような性格は、下田光造教授(九州大学)が提示した執着性気質、あるいはH・テレンバッハ(ドイツ・ハイデルベルク大学教授)が提示したメランコリー親和型に近い。下田が述べたように、この性格は近代日本の模範教師として求められるものである。彼女は牧師の娘として育ち、誠実なクリスチャンとして音楽教師になった。彼女の性格は、多分に彼女の環境が期待したものであり、彼女はよくそれに適応して、几帳面な性格を形成してきた。

永い間、模範的な音楽教師であった彼女に、今、理不尽な圧力がかかり、先述の性格ゆえに、強い責任感、他者に負い目を感じたくないという対人関係が彼女を苦しめている。「君が代」の強制の行き着くところ、彼女のような教師を潰すことによって、日本の近代教育を支えてきた最も良質な生き方を否定するに到るだろう。

こうして、極度のストレス障害が続いたうえ、これまでの職場よりさらに遠い小学校への異動が内示される。それは、病状が進行する母の世話、また脳梗塞で歩行障害のある父の世話を難しくするものであった。「君が代」伴奏を拒んだために、優しい両親の世話もできなくなるという自責感、ここまで追い詰めてくる権力への怒りは、強靭《きょうじん》な彼女の精神に激しい緊張を伝えた。急性の出血性胃潰瘍で、彼女は倒れた。

佐藤さんへの六年間にわたる抑圧を分析していくと、アメリカの女性精神科医ジュディス・L・ハーマンが提起した「複雑性外傷後ストレス障害」を想起する。

「精神的外傷後ストレス障害(PTSD)」における「ストレスの多い出来事」とは、災害、事故、拷問、テロリズム、強姦など、比較的短期間に起こるものを想定している。そこで北米の都市で女性の性的暴力被害の臨床に携わってきたハーマンは、長期にわたり繰り返されるストレスの多い出来事を次のように述べ、それによって生じる障害を「複雑性外傷後ストレス障害」と呼んだ。ここでの出来事とは、「全体主義的な支配下に長期間(月から年の単位)服属した生活史。実例には人質、戦時捕虜、強制収容所生存者、一部の宗教カルトの生存者を含む。実例にはまた、性生活および家庭内日常生活における全体主義的システムへの服属者をも含み、その実例として家庭内殴打、児童の身体的および性的虐待の被害者および組織による性的搾取を含む」である(ジュディス・L・ハーマン『心的外傷と回復』中井久夫訳、みすず書房。第六章表の1参照)。

私は精神的外傷の概念の拡大はよくないと考えており、ハーマンの「複雑性」という造語には同意できないが、それにしても、ハーマンが挙げる「全体主義的な支配下に長期間服属した生活史」が、「君が代」強制の持続という形で抑圧がないかに見える市民生活の傍らに、埋め込まれているのである。それに耐えている人の苦痛は、さらに屈折して重い。

佐藤美和子さんについての私の診断(二〇〇四年三月)は、急性出血性胃潰瘍を伴う遷延《せんえん》性抑うつ反応である。

原因は長期間にわたる精神的拷問であり、このような日本国憲法にも、国際人権規約(日本は批准している）にも違反する暴力は止めなければならない。精神医学は暴力を容認しながら、対症療法を続けるほど無力であってはならない。

（後記1） 佐藤美和子さんのプロフィール

家族構成は、夫、息子、娘、父、母（要介護の状態であったが、二〇〇五年一一月に逝去）。

一九五四年に生まれる。父は牧師。母方の祖父も牧師。

一九五八年〜一九六〇年　父は米国赴任。父に伴い、米国にて幼稚園から公立小学校一年途中まで暮らす。

一九六〇年　日本の小学校に編入学。

一九六八年　父親より受洗（中学二年）。

一九七三年　東京学芸大学教育学部音楽科に入学。七七年に卒業。

一九七七年四月〜一九七八年三月　町田市の小学校に勤務（学級担任・一年間）。

一九七八年四月〜一九八二年三月　国立市立国立第七小学校に勤務（学級担任・四年間）。

一九八二年四月〜一九九〇年三月　同校勤務（音楽専科・八年間）。

一九九〇年四月〜一九九六年三月　小平市立小平第二小学校に勤務（音楽専科・六年間）。

＊着任した小平市立小平第二小学校の入学式で、初めて勤務校の卒業式・入学式での「日の丸・君が代」を経験する。

＊音楽の時間に、小学校六年生の在日韓国人、金《キム》さんによる朝日新聞投書「『君が代』歌えません」を資料に使って、「君が代」の授業を始める。

＊職員会議で毎年、校長案・卒業対策委員会案の二つの案が出されて長い論議をする。中川明弁護士による『学校に市民社会の風を』から資料を作って配り、子どもたちへの強制は認められないことについて、意見を述べる。

一九九六年四月〜一九九九年三月　国分寺市立第六小学校に勤務（音楽専科・三年間）。

＊着任した国分寺市立第六小学校では、在任中の三年間、校門の「日の丸」掲揚のみで、卒業式・入学

式の式場にはない。職員会議でも論議はない。

一九九九年四月〜二〇〇四年三月　国立市立国立第二小学校に勤務（音楽専科・五年間）。

二〇〇三年一一月　国立二小校長より、異動具申を告げられる。

二〇〇四年四月　杉並区立杉並第四小学校に異動（三月一五日〜九月一〇日、出血性胃潰瘍のため病休、その後病気休職、介護休暇）。

（後記2） 事実経過

一九九九年一二月〜二〇〇〇年二月　校長より、卒業式で「国旗国歌」を実施したいという提案が繰り返された。

二〇〇〇年　三月二三日　職員会議で校長より「屋上に国旗掲揚」という具体的案が初めて出された。

同年　三月二四日　屋上国旗掲揚をめぐり、夜一一時半までの職員会議。翌朝七時から再開を決めて終わった。

同年　三月二五日　卒業式当日。朝七時に話し合い再開。その後、校長は話し合いを打ち切り、校舎のなかから施錠、教職員を閉め出して屋上に国旗を掲揚。式後、子どもたちが掲揚について校長に質問を始める。その後国旗は降納され、一四時過ぎ、校長・教頭が子どもたちに謝り、話し合い終了。

同年　三月二八日　校長より市へ「卒業式実施報告書」が出され、子どもの発言が「謝れ！」、「土下座しろ！」と書かれる。

同年　四月　五日　産経新聞に「児童三〇人、国旗を降ろさせる、校長に土下座要求」の記事が出る。

同年　四月　六日　始業式。始まってすぐに右翼団体が東門に「アカ教師」などののぼりを立て、子どもたちの「校歌」にかぶせて「君が代」を大音量で流し、始業式を妨害する。

同年　四月一九日　衆議院文教委員会で、平沢勝栄議員が国立二小教員の処分を求める。

同年　四月二六日　右翼の街宣車約七〇台、国立市役所から大通りを街頭宣伝。二小で降りて抗議文を持ってくる。二小は午後から休校となる。

同年　四月二三日〜六月一日　市教委による二小教職員の聴き取り。
同年　五月　一日　産経新聞社の雑誌『正論』六月号に「校長に土下座要求した国立の〝紅衛兵〟たち」が出る。
同年　五月二〇日　二小に「子どもを誘拐して殺す」という脅迫状が届く。
同じころ、児童館に「アカ組の子を全員殺す」という脅迫状あり。
同年　五月下旬　産経新聞が五日連続一面で国立市の教育と教職員を攻撃。
同年　六月二八日〜七月三日　都教委による二小教職員の聴き取り。
同年　六月二〇日　市教委から都へ「中間報告」提出。
「リボン着用については、着用そのものが、公務遂行上、全精神を職務に集中して職務を遂行するという兼ね合いで問題になることも考えられる」と書かれていた。
同年　六月二一日　二小校長から市教委へ「事故報告」提出。
同年　六月二八日　市教委から都へ「服務事故報告」提出。リボンについて中間報告と同じ文章が載る。
同年　六月二九日　都の「国立市立学校教育改善検討委員会」開かれる。
同年　八月一〇日　都教委より、二小教員六名に「戒告処分」。
同年　八月二二日　市教委より、佐藤美和子教論を含む二小教職員七名に「文書訓告処分」。

Ⅳ　思いを打ちくだかれる教師たち

私は、東京都の「国歌斉唱義務不存在確認等請求事件」(予防訴訟)弁護団より、二〇〇五年一二月二一日、「君が代」強制の一連の教育行政が教師たちの精神にどのような影響をもたらしているか、精神医学的意見書を求められた。

私はこの意見書を作成するにあたり、二〇〇六年一月五日、六日、二二日、二七日の四日間をかけて、本件原告のうち七人から聴き取り調査を行った(本書にはそのうち六人を収めた)。意見書作成の期日があまりにも急であったため、被聴取者は私が上京できる日に休みをとれる原告であり、特に選んだ人ではない。聴き取りは、被聴取者それぞれと個別に一時間三〇分から二時間かけて面談して行った。

東京都教育委員会は二〇〇三年一〇月二三日、「入学式、卒業式等における国旗掲揚及び国歌斉唱の実施について」と題する通達を全都立学校に出した。「国旗は式典会場の舞台壇上正面に掲揚」、「国歌斉唱に当っては、式典の司会者が、『国歌斉唱』と発声し、起立を促す」、「教職員は、会場の指定された席で国旗に向かって起立し、国歌を斉唱する」、「国歌斉唱は、ピアノ伴奏等により行う」、「式典会場は、児童・生徒が正面を向いて着席するように設営する」――つまり国旗を礼拝する形をとり、卒業生と送る生徒、あるいは先生と生徒が対面する形は許さない――、「教職員の服装は、厳粛かつ清新な雰囲気の中で行われる式典にふさわしいものとする」と細部まで規定した。そのうえ、「教職員が本通達に基づく校長の職務命令に従わない場合は、服務上の責任を問われることを、教職員に周知すること」と命じている。

この通達は、文部省の特殊教育課長であった辰野裕一氏が広島県教育長へ短期転任し、広島県で強制していった通達とほぼ同じものである。文科省は一部の県で弾圧の手本を示し、それでも各教育委員会に「命令はしていない、指導しているだけ」と釈明しながら、全国の都道府県教育委員会に同じ抑圧を行わせていくのである。

以下は、「10・23通達」およびそれに基づく職務命令による、「国旗」掲揚、「国歌」斉唱をはじめとする強制あるいは強制に等しい「指導」が、教育者として、一人の人間として、どのような抑圧をかけているかを、精神科医の視点で、それぞれの原告から聴き取り、まとめたものである。

Aさん（美術教師）

1　通達前から感じていた危機感

彼女は、教育行政が教育をサポートするという本来の立場でなく、教育を侵害する立場に立っていることを日常的に感じていた。たとえば、教育行政の指導に従うことによって、日常的に不可欠な他の教育条件を削ることになったとしても、指導に従わなければならず、従わなければ、予算が削除されたり、講師を減らされるといった介入がなされるなど、予算の使い方や学校施設に対し教育行政の理不尽な介入が進んでいる。また、このような教育の本質と違うところで圧力を掛けるという教育行政のあり方は、予算や学校施設等にとどまらず、いろんな面であると感じてきた。

彼女は、大学院で学んでから現場復帰した途端、治安維持法下にいるのか、と思ったという。以前から感じていた教育行政の問題がもっとひどくなったと思った。当時、学校の統廃合や人事考課制度、都立高校改革が始まっていた時期であり、何のための教育かというのがまったく無視され、次々と強圧的に政策が実行されていった。この間のすさまじい変化は、学校の教員同士のコミュニケーションすらも破壊している。

2　教育観

そもそも美術の教員になったのは、現代の人間のおかれた状況が問題であり、それを改善する役に立つ仕事をしたいと考えたからである。美術教育は、「感じる、考える、作り出すという一連の創造的総合的な人間活動が、寸断分断されてきた人間社会を再生させる鍵となるだろう」と考え、教員となった。彼女は、「美術というのは、それを通して本質を見る力、つながりあっていく力、社会の基底にあるべき人間の基本的な力、想像力を創り上げることを可能にする。現代はその想像力が枯渇している時代であり、人間の基本的な力がなくなっている。この想像力は生来的なものではなく、培われていくものであり、失われていくものである。美術教育によってそれを育てていきたい」と望んだ。

しかし、そういう教育を許さない状況が生まれてきた。この、現実的に押し寄せる波に対し、自分にできるやり方——ネットワークを広げていくこと——でそれを押し返していかなくてはならないと思ってきた。学校に起こっている問題は、教員の労働問題だけでなく、教育の質の問題であり、子どもの問題であり、社会全体の問題である。表面的には教員の労働問題と見えてもそれが教育にとってどういう意味を持っているのかを伝えなければならない、そうして初めて問題が認識される、いろんなところで訴えていく必要があると考えている。したがって、親、子ども、知人とのネットワークのなかで問題を伝えながら、いろんなチャンスをつかって運動につなげていきたいと思っている。

3 「10・23通達」以降の状況

(1) 校長からの「方針」

校長から10・23通達に基づき、二〇〇三年度卒業式の方針が示された際に、学校からの直接的圧力を感じた。彼女が「国歌」斉唱時に起立するか否かの問題の矢面に立たされたのはこのときである。

それまでは、今まで通り座ってしまえばいいのだ、と考え、その行動を続けるということの意味をあまり深くは突きつけられなかったが、このとき、初めて差し迫った現実的な問題として示された。

(2) 卒業式が迫ってくるにしたがって生じた葛藤

① 座るか立つか考え続けたこと

立つか座るか考え続け、結局「座らない」という結論になった。10・23通達が出てから、四六時中そのことが頭にかぶさっている状況で、仕事ができない状態となってしまい、考えることに意識的に蓋をしなくてはならなかった。

このときまでは、ずっと「思った通り行動すればいい」という考えで生きてきたが、本件によって、思った通り行動できなくなった。

「座らない」という結論を出したことは、喉から胃にかけて杭を入れられているような感じで、座っていることも立っていることもできなくなる、今思い出しても涙が出るようなつらい体験だった。そのため、処分をしてはならないという「予防訴訟」で陳述書を書くことを求められたが、それすらも長い間できないほどだった。

② 座らないことにした理由

彼女は、「座らない」という結論を出したことの理由として、以下のことを語っている。

ア　座って抵抗するのであれば、徹底的にやらなくてはいけない、つまりそれは裁判までやることを意味するが、それでは大変消耗する(時間、エネルギーを使う)ことが容易に想像できた。美術を教えるという仕事だけでも一年の三分の一は終電車で帰るほどの忙しさなのに、さらに裁判に時間を費やすことを考えると、仕事を続けていける自信がなかった。美術の仕事を辞めるわけにはいかない、この世での使命と思っている美術の授業を失うところまで踏み込んでの行動はできなかった。

イ　座る、立つ、というのはまさに「表現」だが、それが、どういうふうに生徒に対し伝わるのか、思い通りには伝わらないのではないか、と思った。当時の高校は外からの圧力だけではなく、従来の教育行政によって、内部の教員集団も破壊されて、生徒が自主的に卒業式の準備を進める卒業式委員会の活動支援もやりにくい状況だった。卒業式委員会の生徒たちも「先生のことを(処分から)守らないといけない、僕たちもそういうことはしてはいけない(不起立ではいけない)」ととても気を遣っていた。そんななかで、自分の行動によってどこまで本意をきちんと伝えられるか、自分の行為がきちんとした表現になるかどうか、迷った。

ウ　病気を抱えた両親を扶養しており、職を失うわけにはいかないという家庭の状況もあった。必死に働いてきた両親の人生の最後にみじめな思いはさせられないと強く思っていた。

(3)　三月まで不安だったこと

①　美術は教育の本質を貫ける教科である、だから、何があっても、その守り手にならなくてはならないと思ってきた。しかし、どこまでできるか、自分はうまく立ち回るということはできない、しかし現実に通達が出て、まったく本意ではない行動を強いられる。それ自体が自分のやるべきことと齟齬《そご》していると悩み続けた。

彼女は、生徒に「先生、言ってることとやっていることと違う」と言われたら教員としてはおしまいだ、そうなったら、どうやって生徒との溝を埋めていけるのか、と苦しんだ。美術の授業をやっているため、余計に丸ごと生徒が見える。生徒もまたすごく敏感で、教師をよく見ている。彼女は、生徒に基本的には本質を直截に伝えていくということしかないと思って、これまで取り組んできたが、それができなくなってしまった。ではどうすればそれが伝えられるのか、相手、環境、自分以外の要素を考えてものを言わなくてはならなくなってしまった。それが不純に思え、彼女は苦しんだ。

② さらにプレッシャーだったのは、美術教育がどうなるかということだった。必ずしも「君が代」の中身ではなく、教育全体が問答無用の上意下達のやり方で上から押し付けられることによって、生徒と先生で作っていたイマジネーションを豊かにするということができなくなる。彼女は、これは「教育の息の根を止めるやり方」と思った。

(4) 座らないと決めた後の気持ち

通達以来、彼女は、喉から胃にかけて太い杭を打ち込まれるような痛みが断続的に襲ってくる状態だった。座らないと決めてからもそれはますますひどくなり、職員会議中に椅子に座っていることができなくなり、床に崩れ落ちたこともあった。座らないと決めたところで問題は解消しないし、予防訴訟は免罪符にならないと思った。行動していることはすべて自分の表現であるからである。

また、卒業式は座らないと決めても、次年度に担任を持つこと、担任を持てば入学式があることを思うと、葛藤のために仕事ができず、なるべく考えないようにしないと仕事ができなかった。

(5) それでも立ったときの気持ち

思い出すとつらくなる。彼女は語りながら涙を流した。当時卒業式委員会の担当だったが、その学年は一年のときに担任した生徒たちが「日の丸・君が代」をテーマに選んで討論し目覚しい活躍をした学年で、卒業式委員長もそのとき討論をした子どもだった。生徒たちがやりすぎたら先生に迷惑をかけると苦しんでいること、そして自分も彼らの思いを大事にしたいのに、彼らを守りきれないという思いに苦しんだ。

(6) 入学式で立ったときの気持ち

その後異動し、その入学式で「国歌」斉唱時に起立した。その際のことについて「いろんなことを思い出してしまう。また、そういうところでしか働けないという、どうしようもない無力感がある。友人には『そんなにひどいならやめて、自分で塾つくるか、私立に行くかすれば』と言われるが、自分は公教育がいいものであってほしいと思っている」と言う。

4 今どういう悪影響を及ぼしているか

彼女は、現在教育現場で起きている強制が、いかなる影響を及ぼしているかについて、次のように述べた。

(1) 教育の現場で

「校長が本来のマネージメントをしていない」。良心的な校長が苦しむ状況が作り出されており、「本来あるべき教育」に無関心な校長だけが喜ぶ体制になってしまっている。彼女が初めに勤めた高校では、管理職は教職員をサポートしてくれた。しかし、今はまったく違ってしまっている。

現代は、人間を生かさない社会になっている、今学校は、「生かす」というよりも「育てる場」において「人を殺す」という状況になっている、それは社会の根底の破壊行為であると彼女は思う。

彼女の現在勤務する高校の校長は話して論理が通れば一応受け入れる人であり、それは考えてみれば当然だが、それが今となっては稀有《けう》で、「都内で一番いい校長」と評価されるほどおかしくなっている。それでも、彼女の生きがいである教育活動を守るために、本件の問題で、彼女の学校内での発言に対してブレーキがかかり、教職員仲間も、通達について意見を言えなくなっている。

このように、行政からの圧力がいろんなほかの問題(たとえば教員集団のつながり方など)を引き起こしている。本来、教育行政は充実した教育活動が行われるための条件設定をしなくてはいけないのに、今はむしろ負の圧力になっている。

(2)　彼女の状況

①　10・23通達のことを考えると、思考が堂々めぐりし、涙が出てくるばかりである。

毎週マッサージ治療に通っているが、腰痛や全身が硬くなり、疲労感が強い。立たなかったときに胃痛、杭が胸にさされる感じが生じたが、その後も同じことがふっと起こる(フラッシュ・バック)。

さらに、考えると眠れなくなったり、また、体が緊張して眠れなくなることもある。

② これからのことは考えないようにしている。このまま矛盾を抱えていけば、(自分が)続かなくなっていくだろう、気持ちのうえで切れちゃうんじゃないか、という不安がある。(校長や通達に迎合している人について)その人たちと自分がどれほど違うのかな、と思ってしまう。変わらないではないか、と思い始めると、他人ごとではなく、自分に突き刺さってくる。

5 教育行政の圧力

10・23通達については、自尊心、人間としての中核を破壊していく行為だと思う。ねずみさえ無力感を植えつけられると、二度と挑戦しなくなる。それを人間にやっている。

あるとき、彼女を異動させようとした校長が「お前はだめだ。いろんなところからそういう情報が入っている」と彼女を非難し、「私の授業を見たこともないのに、なぜそんなことがわかるんですか」と尋ねたところ、何の根拠も示さず、「そう推察している」とか、「だからだめなんだ」とだけ述べた。彼女の説明を一切受け付けず、何度も異動させると圧力をかけ続けた。会話の相手である校長の考えは示されずブラックボックスのまま、ただただ彼女の問題として言われて、会話が成り立たず、そのために気が狂いそうになってくる。彼女は、校長のほうがおかしいと思ったが、しかし、結局くたくたになってしまって、確かに自分はだめだと校長の意見を受け入れようとしてしまった。このとき彼女の授業をかけがえのないものと評価する生徒の言葉で我に返ったものの、同じ校長に手ひどい扱いを受けた同僚は精神的なダメージによって現場復帰できなくなるほど追い詰められてしまった。それが今回の問題を体現している、と彼女は思う。

6　心身に杭を打たれる

(i)　彼女は、「君が代」の歌そのものよりも一方的な強制というあり方そのものに対する反対の気持ちが強い。

彼女は、自分の行っている教育とは、「感じる、考える、作り出すという一連の創造的総合的な人間活動が、寸断分断されてきた人間社会を再生させる鍵となる」ものと考えている。だから、卒業式も生徒たちが参加しながら、創造的な祭りをつくってゆく場である。それゆえに強制によって創造性をつぶすのはもっとも許すべきことではない、と思っている。

(ii)　生徒たちの生活にとって芸術的表現能力が不可欠のものであり、彼らの人間性を豊かにすることで、重要な意味を持っていると考えてきた彼女にとって、それが踏みにじられるということは、自分の存在が引き裂かれるということだった。それを彼女は、身体的に「喉から胃にかけて杭を入れられているような感じで、座っていることも立っていることもできなくなる」と表現した。この感覚は、受け入れがたいものが暴力的に自分の身体に打ち込まれ、自分の身体が引き裂かれることである。

一方で、不起立を通せば、自分の生きる意味を見出している教育すら阻害されることになる。また、私的にも、病気を抱えた両親の扶養をしているが、それも阻害され、彼女は追い詰められる。

「君が代」の強制は、直接的な痛覚に訴える暴力ではない。持続する精神的・経済的・制度的な鈍重な暴力である。このような暴力を被った人は、身体、とりわけ胸や消化器の中に異物が突き刺さって自分の身体が破壊される、あるいはそれを吐き出すという症状がみられる。

さらに共通しているのは、急性ストレス症状が何度も何度も現われ遷延《せんえん》していることである。本来、急性ストレス障害は一過性である。ところが、「君が代」強制は毎年卒業式、入学式のたびに繰り返され、またそれだけにとどまらず周年行事などさまざまな行事でも強制がなされてきているために、不安がとれることがない。繰り返されるという不安、過去のことでなく近い将来再び起こるという不安、しかもそれがだんだん悪化してくるという思いである。WHOの疾病分類では遷延性抑うつ状態である。このような状態で、さらに負荷がかかると、それがたとえ「君が代」以外の私的な事情であれ、あるいは子どもが事件を起こしたなどの学校での出来事であれ、今までの「君が代」強制というひどい負荷よりも程度が軽いことでも、それが大きな身体的破綻につながる。遷延性抑うつ状態ではベースに強い負荷があるため、「君が代」強制のときは吐き気程度の症状でも、次に刺激があったとき、身体的症状を引き起こす危険性を常にはらんでいる。

彼女もいつ深刻な身体症状に到ってもおかしくない状態にありながら、気丈な性格で必死に耐えている。

(iii)　卒業式、入学式が終わった後も、打ちのめされた自己が幾度となく想起され、教育者としての使命が奪われ喪失した体験として、精神的痛みを伴って生き生きと浮かんできている。

彼女は、『育てる場』において『人を殺す』」、「自尊心、人間としての中核を破壊していく行為」という強い表現をした。とりわけ校長との関係で、校長は自分の発言を認めず、ただ一方的に「お前がだめだ」ということだけを押し付けてくる、彼女の説明したことについて反論もせずに、「だからだめなんだ」ということを繰り返し言ってくる、それが繰り返されるために「こんなに苦しいんだったら自分がだめだということを受け入れられたら楽になる」とまで追い込まれている。つまり、自分をだめと認めれば、自分はいい教師になるというパラドックスに追い込まれている。

これは拷問以外のなにものでもない。こういうことが、今の教育現場で行われている。

Bさん（国語教師）

1　彼女の教育方針と不起立について

(1)　教育方針

彼女が国語科教員として持つ教育方針は、言葉に対しては、ものの見方、感じ方、考え方を広げたり深めたりすること、そのうえで、言葉の意味を理解し、自ら判断し責任を持って行動するよう教育することである。そのためには、いろいろな解釈ができる自由な教育環境と土台が不可欠であると考えている。生徒たちに対しては、「言葉の意味を理解し、自分で責任を持って、表現してほしい」と伝えてきた。

したがって生徒の前で、自分の解釈を押し殺し、立って歌うことは、自己矛盾であり、自分の教育実践を自ら冒瀆してしまうと思える。

(2)　「君が代」の意味を教える教育実践について

また彼女は、「君が代」の意味を古文の授業で生徒にきちんと教えるという実践をしてきた。このことについてP高校校長には、自分は古文を担当するので新古今和歌集のところできちんと「君が代」を教えるつもりであること、それは政治的な意味ではなく、言葉に責任を持つ国語科教員として子どもたちに意味をちゃんと教えるということですと伝えた。彼女は、校長に対し、学習指導要領には「国旗・国歌の意義を理解し」と書いてあるから、意義があるのなら、ちゃんと教えないといけないと話した。彼女は、毎年四月にはいつも学習指導要領を読み直して、世の中が要求している国語の力は何なのか、現場にいる子どもたちの発達段階は何か、さらに進路について考えあわせながら学習計画を立ててきた。

授業に対する子どもたちの反応は大変良く、子どもたちは、「言葉はいろいろな多様な意味があるんだ、使う言葉は責任を持たねばならないんだ」、あるいは「短歌とかそういうものは言葉が凝縮されている。だからこそ、広がりをもって解釈できる」ということを学び、それが和歌の言葉であること、小説の場合にも凝縮して説明することがあり、多様にとれるのだということを学びとっていった。特に、彼女がかつて勤務していたP高校では、高校の近くでビラを配っている人がいると、そのビラについて、生徒が「先生、これはどう思う？」と彼女に話しかけ、思想・信条のことで子どもたちと話をすることがあった。彼女は、高校では表現のもとになる魂、魂の自由を尊重しなければならないと考え、こういうふうに安心していろいろな意見が言えることはすばらしいことだと感じていた。

(3)　10・23通達後の教育実践

通達以降も彼女は、「他国の国歌を知りたい」という生徒の要望から授業で弓狩匡純《ゆがりまさずみ》著の『国のうた』(文藝春秋)を生徒に回覧し、生徒たちは意見交換しあった。生徒たちは、「『君が代』は国民の上に立つ人を敬っていて、国民のことは言ってない。俺たちのことを、『君が代』は歌っていないじゃないか」と感想を言った。彼女自身考えたこともなかったことを生徒たちは気づいていた。「私が授業を通じて学んだことは、言葉の持つ意味をきちんと理解し、自分なりに解釈をしたうえで、使うかどうか決めるということです。それが、自分の行動に責任を持つということにつながると思います」と受け止めた生徒もいた。

2 「10・23通達」前の不起立

(1) 不起立の理由と周囲の状況

彼女の教員生活で、「君が代」が歌われるようになったのは、一九九七年以降のことである。それから現在まで、九年間、不起立を貫いてきた。不起立を通してきたのは、玉虫色の意味に使われる「君が代」を安易に歌うのは、国語教師として言葉に対して無責任だと思ったからである。「君が代」は政治的には何も考えずに忠誠を誓うための印として歌うものだと思っていたので、きちんと不起立をすることが自分の教師としての構えだと思っていた。

「君が代」に対する態度は、彼女の教育方針、その真髄に関わることである。二〇〇三年の10・23通達が出されるまでは、式の「君が代」斉唱の際に不起立であっても、校長からそのことを責められることもなかった。また、彼女は、10・23通達の直前である二〇〇三年六月、生徒に対してQ高校の校歌の授業を行い、その歌の意味を子どもたちに辞書で引かせ、意味も考えさせて、歌う、歌わないも自由であるという授業実践(公開授業)を行ったが、それについて校長は良い授業をしていると彼女を評価した。したがって、二〇〇三年の10・23通達まで、不起立についてとくに強い葛藤を感じなかった。もちろん、「君が代」が式に導入されていることに対して問題意識を持っていた。

(2)　孤立への怯え

P高校に赴任してしばらくたってから、徐々に学校教育に対するしめつけが厳しくなると、「君が代」に反対する教員がものを言わなくなっていった。校長は彼女ら不起立の教員一人ひとりをさして、「あなただけが反対している、他の人は誰も反対していないではないか」と言い始め、不起立の教員を孤立させようとした。そうなると、思想・信条の自由だけは言わせてくれと言っていた先生も、「君が代」強制はおかしいぞと言っていた人もだんだん意見を言わなくなり、黙っていった。そのなかで、校長は彼女に対し、「おまえ一人が反対しているぞ」とか、「職員会議を長くしている」と言って、ますます特異性を強調した。職員会議でものを言えない状況が作られていった。

「君が代」強制は、上から言われたことはどんなに間違っていても従わないと処分されると教員らに認識させた。それは、「君が代」に限らず、校長の方針が子どもたちにとってマイナスになるとか、間違ったことがあっても、それに従わなくてはいけないということを意味する。それは、教員にとって精神的にも肉体的にも負担になった。

どんどんみんなが従順になれば、職業的使命から上からの強制に反対すると言っても、それはおまえのわがままだろうと受け取られ、おまえだけが困りものと見られるのではないか。どんなに正しいことをしてもみんなが味方してくれないだろう。そうなると、協力・連携で成り立っている職場が非常にやりにくくなる。たとえば、担任を持つことも難しくなってくる。担任を持ったとしても、指導が困難な生徒について助けを求めても、あなたは正論ばかりで、かえって迷惑だとか、校長が見ているから協力しないとか、などと言われてしまうのではないかと心配になる。

彼女は、このような、上からの命令で、最初はおかしいと思っていても、全体が徐々に従っていき、おかしいとさえ言えなくなるような環境をつくってはいけないと思い、二〇〇〇年に、東京の高校の教職員組合で意見広告を出すなどの呼びかけを始めた。

彼女の行動の背景には、国旗国歌法が成立した一九九九年に亡くなった彼女の母から聞かされた、祖父の言葉があった。すなわち、京都大学附属病院に勤めていた祖父が、戦前戦中にはおかしいことをおかしいと言えなかった、自分も自分の上にいる人も戦争に負けることがわかっているのに反対できなかったと言い、彼女の母に地球儀を見せながら、「ここが日本ぞ、こんなの負けるのわかっているではないか、それなのに誰も偉い人も言わなかった。偉い人は保身する、だから普通の人が反対せないかん、おかしいことはおかしいと言わなければいかん」と言ったという。彼女の母が死ぬ間際に、国旗国歌法が成立する国会の中継を見ながら、「おまえはおかしいことをおかしいと言う人間になれよ、おまえは頭が悪く普通の人間やから、これ言わなあかんよ」と言ったことを思い出す。

3　「10・23通達」以降の状況

(1)　職務命令を受けたときの身体症状

二〇〇四年の二月に職務命令が出されたとき、精神的・身体的苦痛を直接感じた。このとき、校長と副校長が二人並んで職員室に来て、職務命令を各教員全員に手渡した。手渡したら副校長が何時何分に手渡したとチェックをしていった。彼女は、職務命令と卒業式の座席表を校長から受け取り、座席表を見た途端に、吐き気が襲った。もうこれは逃げられない状態なのだと思った。それは唾液がうっと出てくるような吐き気だった。そのとき校長は、卑屈な笑いを浮かべていた。吐き気は翌日も続き、副校長に学校医を紹介してもらって病院へ行った。

(2)　その後起き上がれなくなったこと

不起立をすると表明したところ、日ごろから義憤をもち、味方になってくれるはずの同僚から、「あなたが不起立をしたら板橋高校の二の舞になり、この学校は大変困る」と言われた。その同僚に抗議すると、同僚は「あなたは歌わないカナリアだ。カナリアは炭坑にもっていって、毒ガスが来たらまず死ぬので、あなたはカナリアのような役目だ」、「あなたが不起立だと、教育内容の調査が来る、授業のことも調べ上げられて、とんでもないところからの突き上げが来る」、「他の人もあなたが反対することに困っているけれど、あなたには言えない、自分が言うことはあなたへの親切だ」と言われた。彼女は、「歌わないカナリアだ」と言われたことについて、今も困惑するくらいショックを受けた。その言葉を聞いて、確かに学校に対する行政の介入が強まるということはありうる、と受け止めた。

そのことで、翌日から、起き上がれなくなった。朝起きようと思ってもトイレにすら行けない。はいつくばってトイレまで行くということが三日ほど続いた。この三日間、学校は休まざるをえなかった。起きられないために、学校に連絡の電話をすることもできず、娘が代わりに電話した。布団から電話までは五メートルくらいだったが、とにかく起きられなかった。彼女の状態を知った養護の先生が、ゆっくり休めばこの病気は治るから大丈夫、と言ってくれたことが、救いとなった。

起き上がれなくなるほどのショックを受けたのは、Q高校のなかで、しだいに孤立感が強まっていたことが大きい。不起立をすると邪魔者扱いをされる、都教委とか校長だけではなくて、職場からも迷惑がられ、そういう扱いを受ける。そうなると「君が代」だけの問題ではなくて、仕事がまっとうにできなくなっていく、そうすると、生徒も犠牲になってしまう。

日常の仕事をしていくうえで、こいつは厄介者だと思われてしまう。

体調が戻ってから、彼女は、自分は闘えない人間だ、そんなに強い人間ではないと初めて知った。彼女は、それまでは、圧力と闘ってきて、結果も出ていた。たとえば、前述の意見広告でも多くの仲間を見出してきた。ところが、今回のことで、自分はそんなに弱いのかと、自分の弱さを認識させられた。

その後結局、職場に迷惑をかけられないという思いから、卒業式を休もうとした。それは、みんなに迷惑をかけないための妥協だった。そのような妥協をしたため、自分は弱い人間なのでそういう闘い方しかできない人間なのだと、自己評価が低くなった。そして自分の弱さを知ったのと同時に、不起立をして処分されていった人たちに対して、代わりにやってもらったという、申し訳ない思いが残った。不起立をした教員と比べて、自分は汚れていると自分を責めた。

(3)　生徒に対する罪悪感

自分のかかえる精神的苦痛について、生徒に対し、大ウソではないけれど小ウソをついていると感じる。それは、起立してしまったら、日頃、生徒に対して伝えていた教育がウソになる、という思いからである。圧力に負けるということは、自分の教育方針に反することであり、生徒に対する裏切り行為であり、「教育の仕事に対し、生徒に対して、自分は、圧力に負け、悪い教育をしてしまっている」と打ちのめされることになる。

(i) 4 転向者への絶望

彼女は国語科教諭として、言葉や文脈を理解していくことによって人間の関係性と生きている世界が広がっていくことのすばらしさを、生徒たちに伝えてきた。そのことに打ち込み、そこから彼女は自分の生きる意味を見出してきた。「君が代」の強制に対して、生徒たちと一緒に「君が代」の歌詞の意味を調べてきた。

「君が代」の歌詞の意味を学ぶ過程で、生徒たちは、これは君主や天皇のことをたたえているだけで、自分たちのことを歌った歌でない、自分たちのことを何もふれていないという気づきに直面する。生徒が自分で考えてこういった意見、発見をしていくことは驚きであると同時に、大変な喜びであった。自分の判断に責任を持って生きる人間であってほしいと伝えてきた彼女は、生徒の発見を抑圧し、一方的に起立して歌を歌うことを要求できない。

そして彼女は、「教育の仕事に対し、生徒に対して、自分は、圧力に負けて、悪い教育をしてしまっている」と感じ、生徒たちに対して嘘をついている、と責める。場面に応じて嘘を言う、教室と式場において違う自分を演ずることは、教師としての人格の分裂を来たす。

彼女は、卒業式の座席表を見た途端、吐き気をもよおし、それが翌日も続いた。学校教育が教師の席を指定し、しばりつけるまでになったというショック、そこまでする異質なものを必死になって吐き出そうとしている。このような消化器の症状は、受け入れがたいものを強制された者に共通の症状である。

(ii)　そのうえ、同僚が強い暴力に負けて、負けるだけならまだしも、押しつぶされた人間として、彼女に対し「あなたが不起立をし続けることは、板橋高校のように都教委に目をつけられることになって、恐ろしい、怖い」、「あなたは歌えないカナリアで、死ぬカナリアだ」と言ったことが、彼女を打ちのめす。それは、強制に従うしかなかった人間が、従った後、それが一つの精神的外傷となり、その後も強制する者に対して強い恐怖感を持ち続けることを示している。「都教委に目をつけられることが怖い」という表現によって、恐怖感ゆえに、少しでも抗しようとする人間を排除する側に立とうとしていた。転向した人は抑圧者と過剰に一体化して、なお屈していない人をいじめるようになる。

彼女は、この出来事を通じて、強制に従えば、その後、恐怖感を持ち続けて生きることになることに気づく。そういう人たちが教師として、同僚教師として周りに増えていくということに絶望する。理不尽なことをした人に対して怒りを持つのは当然だが、怒りを持つことができなくて、逆に自分が悪いんだと非難したり、恐怖心から抜け出せなくなることに絶望している。このため朝起きられない、立ち上がれなくなった。

(iii)　彼女は、国語の教師として、教育とは、本とかテープに代わってその時間知識を伝達することではない、人と人との人格的なふれあいのなかで知識とか感じ方が伝えられ、交流され、生徒なりに自分の考え方とか感じ方を創っていくことであると考え、実践してきた。

そういった国語の教育を通しながら、子どもたちに生きている意味や喜びを創造していく優れた先生であった。

彼女がそのように教育に人格的かかわりをしていけばいくほど、彼女の理想の喪失感は大きくなる。彼女は身体全身で喪失の悲哀を体験している。

Cさん（数学教師）

1 「10・23通達」以前

彼は、両親がクリスチャンで、彼自身もキリスト教の洗礼を受けている。

教員になって以来、毎年「日の丸・君が代」をめぐっての議論があり、その議論がされる職員会議の前は、鬱陶《うっとう》しく感じた。最終的には校長が決めてしまうだけだ。ある程度がんばれば少しは変わるから、針の穴に何かを通すような努力をしなければならない。それがストレスだった。それでも10・23通達までは、それほど激しいものではなかった。仕事全般についても、普通の会社員と同じようなストレスかなと思っていた。ひとりだけ自分は大変だと思うような負荷ではなかった。教師特有のストレスではあるだろうけれど、逆にほかの仕事にもそれぞれ違うストレスがあるだろうと思っていた。

彼は、10・23通達以前、ずっと不起立を通してきた。学校は、生徒も含めほとんど全員が不起立だった。

2 「10・23通達」以降

(1) 当時彼が赴任していた高校では、二〇〇三年の通達以後、二〇〇四年二月の半ばに、卒業式の提案が教員からなされた。まず「日の丸」も「君が代」も入っていない案の採決をした。それに圧倒的多数が賛成した。しかし、採択が終わったあと、セレモニーのように校長が、皆さんの意向は聞きましたが、私の責任でやらしてもらいます、職務命令も出しますと宣言をした。

(2) 身体症状

彼の身体症状は、二〇〇四年の二月の半ばくらい、卒業式の提案がなされた日の数日前から始まる。当時、職務命令が出てくるというのは目に見えていたので、例年感じていたストレスではなく、より強い緊張感を彼は感じていた。

まず心臓がバクバク(頻脈)してきた、という。これは単なるドキドキではなく、本当に鼓動が早くなった。心臓のバクバクが激しいときは、体が締め付けられ、のぼせたときのようになった。また、そのころから入学式が終わるくらいまでずっと、一日中、胃が痛くなった。

それはキリキリとした痛みだった。体全体、胸が締め付けられバクバクし、胃の上部がキリキリと痛む感じだった。仕事は手につかなくなった。とにかく職員会議でちゃんと発言しなければと思うと辛くなってくる。逃げ出したら楽になる、と思え、毎日逃げ出るという想像が浮かんでくる。

結論が出て、職員会議で発言する必要がなくなっても、楽になるというわけではなく、卒業式が終わるまで、先述の症状は続いた。卒業式が終わっても、さらにすぐまた入学式がくるので、苦しみは続くという具合だった。二年続けてそういう状況が続いている。また二月が近づいてくると嫌だな、とずっと耐えている。

(3) 生徒に対する思い

彼は、生徒に対して、取り返しがつかないような人権侵害をしてしまっている、「日の丸・君が代」を歌いたくないというのに歌わせるという強制に自分が荷担してしまうと思い続けた。これまで頑張ってきたが、自分のせいではないという言い訳はしたくないと思いながら、長い目で見ると、結局、そういう学校にしてしまった、そういう東京都にしてしまった、生徒たちに修復できない痛みを与えてしまった、申し訳ないと自分を責めている。

(4) 現在感じる閉塞感

強制に従うことはできないから、処分が重なっていくことになる、処分に伴う減給などの経済的な不利益、異動といった不利益がある、あるいは都教委が追い討ちをかけてくる「事故再発防止研修」では、正しいことを行った者が「再発防止」と書かれた場所に理不尽にも強制的に座らされる。

異動について、今の学校に移されたことも嫌がらせのひとつである。組合員が一人もいない学校で、そのうえに、行って一年でまた他に出なければならない。一年というのは、もう募集停止で、新入生が入ってこないからだ。自分の数学が一年生に集中しているので、一年生がいなくなったら、用無しになってしまうということを、あとから知らされた。これは、嫌がらせである。仕事への意欲をそがれる。これでは、何をやっても実を結ばないで終わってしまう。努力をしても、空回りしてしまうのではないか。

また、管理職や同僚からのいやがらせにさらされている。たとえば、管理職からは、処分があった学校の管理職が行かなければいけない研修があると、「今日は行って来るからね」とか、言外に責めるようなことを言われる。飲んだ席で、「かっこつけやがって」、「若いのが目立ちやがって」と言われる。

(5)　将来がない感じ

自分の将来について、次の卒業式まで何とか持つだろうかと、切羽詰まった不安感を持っている。もちろんもっと先のことも心配だけれど、それよりもこの一年間のことが不安である。一年単位でしか、ものが考えられなくなっている。

将来については、不適格教員として研修センターに行かされ、そのあとクビか、と考えたりする。研修センターに行ったら、その三年後はどうなるのだろうか、三年間研修センターにいて、復帰ということにはならないだろうから、そのあとはどうなるのだろうか。考えたくない。

それより、自分の体のほうがきつい。彼が一番心配しているのは、自分で自分の命を絶つのではないかという心配である。きついときは、ほんとに、何をしてもきつく、何もできなくなる。二〇〇三年以降、職員会議が迫ってきたとき、死にたいと何度も思った。そのようなことを考えるのは、やはり一人でいるとき、昼が多い。死にたいという思いと、こんなことを考えなくてもよいところに行きたい、とにかく考えたくない、考えるのが嫌だという思いが重なる。こんなことで心臓がバクバクしたりしないようなところに行きたい、平穏に苦しまないで生きたい、死んだら苦しくない、と思う。

死に方についてもしょっちゅうイメージをする。たとえば、首をつっているイメージが浮かんでくる。

(6) 精神科の受診

二〇〇五年になり、精神科を受診した。それは、前の年の同じ時期よりも、すごくきつい、体が締め付けられるという状態が続き、仕事がまったく手につかなくなってしまったため、ついに耐え切れず、受診した。

二〇〇四年も仕事が手につかず能率が悪かったが、それでも、ああ嫌だな、能率悪いなと思いながら、一文字、二文字、書くべきことを無理遣《や》り書くということが、できていた。ところが二〇〇五年の二月はもうそれもできず、ただ、横になりたいと思うようになった。とにかく書類の処理ができず、頭は動かない、手も動かない、精神的にもブレーキがかかって、体がきつく全身がこわばってしまう。

そのような自分の状態に、もうこれはだめだと思い、素人判断ながら、どうかなってしまうと思ったので、次の日、休暇を取って医者に行った。安定剤をもらい、少し苦しくなくなった。楽になった、という感覚はなく、苦しくなくなっただけだ。二〇〇五年の三月は、結局、薬で乗り切ったという感じだった。

(7)　現在の状態

また卒業式が迫ってきている、薬を飲んでいるからなんとか乗り切れると、自分に言いきかせている。自分の身体が犠牲になっている、頭で闘っているが体がついてこない状態のまま、この仕事を続ける限りは、やっていくしかない。行き着くところに行く——倒れるか死んでしまうかもしれないが、たぶん、そうなったら辞めるだろう。なんとか乗り切るしかない、と思うようにしている。

3　してはいけないことをさせられる苦痛

(i)　彼は、「君主」をたたえる偶像崇拝の歌を歌わされるのは、クリスチャンとしての自分の思想・良心を踏みにじられ、抑圧されることであり、どうしてもできないと考えている。教育の場で思想の抑圧があってはならない。彼が以前から抱いてきた、学校が教育者の集団になっていないという虚しさをさらに深めている。

彼が考える教育者の集団とは、教育を充実させるために討論し、自立して決定することができる仲間である。しかし、現在の学校は、直接教育に関わっていない校長が決定する。しかもその校長の裏に教育委員会があり、意思をもたないロボット(校長)による学校運営が行われている。彼は、教育の場でなくなっている学校で、なんとか教育しなければならない矛盾に疲れきっている。

10・23通達による強制は、その彼の絶望感をもう一度決定的なものとした。

(ii) 彼の症状は、内攻する形をとっている。虚偽の職場があって、矛盾した命令が出され、そういう環境を作り変えることができないし、逃げることもできない。そういった苦しさが、心臓がバクバクして体が締め付けられる、胃がキリキリ痛む、という症状として表れている。

(iii) 現状では、彼は精神科に通い、神経症の診断で薬を飲み、自分の感受性を鈍らせるということで対応しているが、教師として、人間としてぎりぎりの線を生きているのは変わらない。ことに、彼は、「首をつっている絵が浮かぶ」と言っている。自殺念慮で、手段や具体的イメージまで浮かんでくるのはきわめて危険である。

Dさん（音楽教師）

1 「10・23通達」が出たときの状況――伴奏拒否申告に対する校長の攻撃

彼女は、強制がいつか来るとは思っていたが、10・23通達が出るまで自分で弾くと想像したことはなかった。また、自分が弾くよう命令されて動揺するとも予測していなかった。

二〇〇三年一一月の職員会議で校長から10・23通達の話があったとき、自分はとても弾くことはできないから、命令をしないでくれと校長に話した。彼女の音楽的良心からいっても、教員としての良心からいっても弾くことはできないと言った。音楽的良心とは、「君が代」が音楽としてなってないということである。教育者として弾けないのは、人を育てるということは生きていく力を育てることであるのに対し、「君が代」は天皇のために人が死ぬようにということを教え込んだ教育のなかで使われてきた音楽であり、それが何ら寸分変わらずに残されているからである。このような歌がまた学校で強制されることは、学校の教育が再びそういう方向に向かっているということになり、しかも今の時代は、有事法制や憲法調査会ができるなど、戦争に向かうという流れがあり、それと「君が代」の強制が同時に起こっている。「人を育てる」という教育者として、とてもこういうものを自分が受け入れて弾くということはできないと考え、校長に対して弾けないと告げた。

それに対して、校長は、ただ「職務命令を出すから、弾けないのであれば職務上の責任を問われます」ときわめて機械的な答をした。さらに同月の終わりに彼女を呼び出し、人事考課への自己申告書を出していないから(来年度から)異動させる、と言い出した。彼女は、異動年限には達しておらず、また一学年の担任をしていたため、異動するなどということはまったく予想していなかったし、希望もしていなかった。彼女は「自己申告書を出していないだけで異動させるというのは、要綱違反ではないか」と校長に言ったが、校長は「自己申告書を出していない人は一任だから、異動だ」と言うだけだった。そもそも彼女が自己申告書を出さなかったのは、面倒だから出さないのではなく、それによって教員を完全に支配しようとしており、自分がそこに組み込まれていくということを拒否したいと思ったためである。自己申告書の問題は、「君が代」強制と同じであると考えていた。

さらに、同年度は、彼女の子どもの卒業式と重なっており、彼女は休暇を申請していた。ところが、校長は一月に彼女が申請した年休届けを前日まで受理せず、休暇が認められるか認められないのか、困りはてた。何度か尋ね、職員会議でも質問したけれども、校長は時季変更権(休みの日を上司が変えさせる)もあり得るとまで言って、彼女を脅した。結果的には年休が取れたが、卒業式の前日までその結論を知らせず、心配だった。

2　二〇〇四年三月卒業式までの気持ち

(1)　「君が代」が頭から離れなかったこと

二〇〇三年一一月の職員会議後、彼女は校長に弾けないから職務命令は出さないでほしいと頼んだ。そのころより、「君が代」が耳から離れなくなり、道を歩いているときも、ちょっと気を抜いたときにも、空耳で「君が代」が鳴るようになった。弾くつもりは全然ないのに、もっと違う弾き方があるかもしれない、「君が代」の曲を超えるようなアレンジができるのではないか、そういうものがもしかしたらあり得るんじゃないかということを思ったり、あるいは実際の指定ではテンポが結構早いから、その通り弾いたら歌えない、いや、その通り弾こうとか、または伴奏譜に強弱の印がついているが、その通り弾くとすごく変だから変えようか、それともその通りやってみようとかという考えも浮かぶようになった。弾かないつもりなのに、生活に侵入する形で「君が代」のことを考えてしまうことが続いた。

「君が代」は非常に無理をして、全然違う二つの音楽様式のものを合体させているので音楽としてなっていないのだが、それにもかかわらず残っているのは天皇をたたえる歌だからである。あの曲が持っているものは、歌詞だけではない。音楽そのものに政治的本質が入っている。思い出すのもさわるのも嫌なはずの「君が代」であるのに、いつしか音楽としての意味を彼女は考えるようになった。

このような状況に置かれて、気持ちが落ち着かず、不眠になった。頭の中にいろんなことが浮かび、「君が代」にとらわれた状態になった。「君が代」をうち消すために、いつも何か別の音楽をかけっぱなしにしていた。そうすることでようやく少し休むことができた。「君が代」の曲が彼女の精神の安定を脅かす、侵入性の体験となっている。

(2) 身体的症状

前日まで年休がとれるか校長から教えてもらえなかったため、卒業式前日まで、彼女は困惑した。自分は弾くつもりはないのだから、またたぶん今回は年休で処理できるだろうと思いながら、それでも眠れなかったり、食べられない状態が続いた。

そのため、彼女は内科医の診療を受け、睡眠薬を処方されている。

また、胃が重く、きりきりと痛んだ。

鍼灸師に毎週土曜日、通って治療することで、少し緊張をとり、次の週を乗り切り、何とか過ごしていた。10・23通達の出された二〇〇三年から、痩身の彼女の体重はさらに三キログラム減った。

(3) 操られた悔しさ

結局、年休がとれて、彼女は自分の子どもの卒業式に出られたが、その日の卒業式は、すごく情けない気持ちで迎えた。自分の子どもの卒業式なのに、うれしいという気持ちが全然おこらず、とにかく起き出して卒業式には行った、としか言いようがない。感情が心因性に抑制されたのである。

子どもの卒業は、幸せな節目なのに、10・23通達で脅かされ、中途半端なまま宙ぶらりんにずーっと置かれた。情けなく苦しかった。彼女は、自分の個人生活が校長に握られ、操られると思うと、とても悔しかった。

(4)　異動の苦痛

より苦痛だったのは、この問題で、異動になったということだった。

二〇〇三年一一月の終わりに、校長から呼び出され、人事考課制度の自己申告書を出していないから異動にすると言われた。校長は、その異動について、あなたの場合は人事考課だと言ったが、彼女は人事考課だけではないと考えている。一・二年を担任し、引き続き三年を担任するはずだった教諭が、職員会議で10・23通達批判をしたら、彼女と同じ年に、異動年限に達していないにもかかわらず、異動させられたからである。

彼女は、当時一年生を担当していた。当然三年間持つつもりだったので、異動になれば、生徒と別れなくてはならない。

異動の予定もなかったので、三月末に吹奏楽部の定期演奏会を入れており、あわただしいなか、異動間際に指導要録を書かなければならなかった。彼女は子どもの指導要録に、たとえば遅刻が三回とか、早退が何回とかいった数字を書きながら、それによってその子の一年間を全部思い出し、泣けて泣けて仕方なかった。何でこんなに泣くのだろうと思いながら、指導要録を書き続けた。まだまだこの子たちと終わりまで付き合っていこうと思っていたのに、生徒たちに申し訳ない、こんなことで異動になって申し訳ない、「君が代」が生徒たちとの関係を引き裂いたと思った。

3 二〇〇四年四月以降、異動してからの状態

(1) 二〇〇四年四月の入学式

異動直後、二〇〇四年四月の入学式にも10・23通達に従い、職務命令が出された。彼女は前日まで迷ったが、休むことにした。迷ったのは、抵抗している数に入ることに意味があると思い、休暇をとらずに学校に行って処分を受けるべきではないかと考えたためである。しかし、仲間から、弾かざるを得なくなるときはいずれ来るのだから、休めるときに休んでおいたほうがいいと言われ、考え直し、その年は休むことにした。

このとき、前日ぎりぎりまでどうするか考え、その間、彼女は苦しみ続けた。不眠、腹部の痛み、食欲不振、胸の痛みに苦しんだ。胸の痛みについて、彼女は掌《てのひら》で両脇から内側へ胸を押し込む仕草をし、「ここが、全部痛くなって」と述べた。文学的な表現ではなくて本当に痛かった、胸が痛いってこういうことなんだとわかったという。

頻尿、便秘と下痢の繰り返しも続いた。消化器、泌尿器の神経の過敏状態である。漢方の

先生が、コントロールしてくれていて、調子が悪いときは頻繁に通った。集中力も低下し、自分でどうして忘れるのだろうと思うようなことを忘れた。たとえば、家事をやっていても、ガスを消し忘れてたり、入れるはずのないところに変なものを入れていた。家族には、火事を起こすのではないかと心配された。

入学式を休んだときはとても変な気分になり、やるべきことをやらないでいる、逃げた、という敗北感に陥った。

(2)　二〇〇四年度の卒業式、二〇〇五年度の入学式

二〇〇四年度(二〇〇五年三月)の卒業式も休暇をとった。

しかし、二〇〇五年度の入学式は、あえて休暇をとらず、ピアノを弾かなかったため、彼女は戒告処分となった。不正の容認よりも、あえて処分を選んだ。

(3)　最近の状況

彼女は、自分では悲しくはないつもりだし、押しつぶされてもいないつもりだが、しかしとても気持ちが疲れる、という。

彼女が勤務している高校は山のほうにあり、虫(カメムシ)がいる。彼女が、音楽準備室に一人でいると、そのカメムシが都教委に見え、彼女を見張りにきたと感じる。そんなはずがないと否定しても、やはり見張りにきたと思ってしまう。

また、音楽準備室の天井に穴があり、それも自分のことを都教委が見張っているのではな

いだろうか、と思える。さらに壁にも欠けた穴があるのだが、なぜあんなところが欠けているのだろう、何か隠しカメラでも入っているのだろうか、他の部屋の天井も、あんな円い穴があっただろうか、不安になり隣の部屋と見比べたりする。自分でも、ああ馬鹿だな、これは妄想だ、と思うのだが、どうしてもそのように感じてしまう。自分の内面が探られているようだ。彼女はこれまでこのような体験をしたことは一切なかった。

こういう症状が表れたのは、二〇〇五年に再発防止研修を受け、そして、「来賓発言」をめぐる「指導」がなされた後、秋ごろからである。来賓発言とは、前任校に来賓として招かれた彼女が、「いろいろな強制があるなかでも、自分で判断し行動できる力を磨いていってください」と述べたことが問題とされ、注意された件である。このとき、都教委が彼女の勤務する高校に調査にやってきて、彼女から事情聴取しようとしたが、彼女が弁護士の立会いを求めたところ、それを認めず、結局事実確認(事情聴取)しないまま、彼女に対して「指導」した。

この「指導」があってから、彼女は、これは完全に追っかけられている、「君が代」に追っかけられているのではなく、都教委に追っかけられているという、意識になった。彼女は、これまでも自分が都教委に目をつけられているということはわかっていたが、伴奏を拒否した最初の一年間は、それほど気にならなかった。実際に戒告処分を受けてから、いよいよ本格的に来たなと思う。

また、二〇〇四年四月の異動のころからよく泣くようになった。

自分をこのような不安定な状態に追い込みつぶそうとしている、と彼女は感じている。つぶれるやつはつぶれろという一般的な悪意ではなく、都教委はこういう人をつぶしたいというはっきりとした意図をもっている。処分や再発防止研修を通じて、名前を特定しながら一人ひとり人間をつぶしていく。それは、見せしめであり、自分たちがここまでできるということを確認しながら進んでいる。都教委の政策の実行者となっている者、たとえば自分の面接をした指導主事も、こんなことをしていることを必ずしも良いとは思っていないが、それをやらなければ自分が生きられない、と思って行動している印象を受ける、と彼女は言う。

4　敏感関係妄想にまで追い込まれる

(i)　彼女は、10・23通達後、「歩いていても『君が代』が聞こえてくる」という。「君が代」が病的体験となっている、「君が代」の強制が精神的外傷になっている。人が殺されるところを見た人がその場所が浮かんできて不安になることがあるが、それと同じように、彼女にとって「君が代」が暴力の塊となっている。

ここまで追いつめられたのは、彼女が音楽の先生だったからである。他の科目の先生にとって、「君が代」の強制を受け、それをやり過ごすのは暴力を黙認するという意味を持つ。これに対し、音楽の先生は曲を弾かされるという強制を受けるので、単なる容認とか黙っているだけですまず、加害者としての参与が強制されている。音楽の先生にとって、「君が代」伴奏は加害者に代わって暴力を加えることを意味する。

(ii) 彼女はこれに抵抗した結果、担任の仕事が残っているのに異動させられた。校長は自己申告書の未提出を理由としているが、それも、彼女が強制であるからおかしいと思って出さなかったものである。

教師として一生懸命やってきたのに、ピアノを弾かなかったためだけに、仕事を奪われる、担任してきた子どもたちに申し訳ないという思いが、彼女をどうしようもないジレンマに追い込んでいる。

(iii) そのうえ、自分の子どもの卒業式で年休をとりたいと申請したのに、前日まで許可されなかった。これらの積み重ねによって、刺激に過敏になっていった。操られている自分への絶望感、悔しさが持続している。たえまない負荷のために、感情が不安定になり、ちょっとしたことで泣くようになった(彼女は、本件聴き取りの間も、ずっと泣き続けていた)。

(iv) カメムシが都教委に見えて、自分を見張りにきていると思えてきたり、穴が天井にあって、穴のなかから自分を見ているんではないか、隠しカメラがあるんではないか、と感じるまでになった。彼女は、カメムシはカメムシとして認識しているが、それと同時に都教委としてとらえている。自分は問題の人間として周りに見られていると被害的になっている。

これは、「君が代」を強制する教育行政が造り出した敏感関係妄想である。

(v) 腹痛、食欲がない、体重が減る、胸が痛む、頻尿、便秘、集中力低下、不眠などの症状もある。

(vi) 外傷体験が繰り返し繰り返し襲い、遷延化した抑うつ状態になっている。「日の丸・君が代」強制は、卒業式、入学式、それ以外の行事でも、毎年毎年繰り返し行われているために、状態が遷延化している。

彼女は今、被害的な思いが強いが、それは被害妄想ではない。妄想とは訂正不能な間違った考えだが、彼女の被害は実際に存在している。一度排除された人は、ずっと排除され続ける。彼女は意図をもってつぶしてくる都教委の態勢を感じ取り、それに今日も耐えている。

Eさん（定時制高等学校、社会科教師）

1　「日の丸・君が代」強制に従えない理由と「10・23通達」による強制

朝鮮人に対して同化を強い、差別的で過酷な仕打ちをしてきた「差別者としての日本」の象徴が、「日の丸・君が代」であり、彼にとって「日の丸・君が代」を受け入れることは「朝鮮人」としての生き方や民族性を捨てることに思え、「日の丸・君が代」の強制は、朝鮮人として生きることを選び取った自分に死ねといっているのと同じであり、絶対に受け入れることはできないと思っている。

彼は「同和」教育を実践してきた教員としても「日の丸・君が代」強制に従えないと考える。「同和」教育を通じ、生徒たちと、人間としての生き方を検証し続けてきた。自分が「処分」されるからといって、「日の丸」を仰ぎ、「君が代」を歌うことは、生徒たちを裏切るとともに、自分自身をも裏切る行為であり、「同和」教育を実践してきた自分には、絶対にできないという。

ところが、二〇〇三年度の卒業式において、10・23通達に基づき「日の丸・君が代」が強制された。卒業生代表の、在日朝鮮人生徒と日本人生徒が「『日の丸・君が代』の強制には納得できない」との抗議の旨を答辞で述べた。

このことをもって、二〇〇四年度の卒業式では、「送辞」、「答辞」は廃止されてしまった。「答辞」は四年間の生徒の努力の結果を自分の言葉で表すものであり、彼にとって同和教育の集大成だった。彼の勤務する高校では、答辞のない卒業式というのは考えられず、答辞が卒業式の中心であった。その答辞が廃止され、一番大事なものが失われてしまう、自分の教員生活の全部を否定されてしまうと感じた。これまでは、答辞に向かって子どもたちもたたかっていく、教員もたたかっていくと考えていた。そのとき、教育活動の成果を確実に感じられた。ところが、それが奪われ、足下をすくわれたように思った。自分たちがここまでやってきたという誇りがあり、その誇りを最後の卒業式で完成させたいと思っていたのに、それができなくなった。

2　状態の悪化

卒業式で答辞を外されたことが最大のきっかけとなり、二〇〇五年二月ころから、彼は急に落ち込んでいった。彼の妻によれば、それまで外国からきて困っている生徒を家に半年くらい生活させたりするなど、生徒指導にも意欲的に取り組んでいたのに、二〇〇五年二月ころから、意欲がなくなり、学校にも行けなくなった。睡眠もとれず、笑わなくなった。とにかく辞めたい辞めたい、学校辞めたいと言うようになった。

記憶があいまいになり、意欲がなくなってきた。普通だったら校長交渉のときにがんばっていたのが、何にも言えないようになった。思考が停止してしまった感じだった。新聞も読めなくなり、食事もおいしく感じることができなくなった。とにかく辞めたいとばかり言うようになった。

一日のうちでいちばん気分が重いのは、やはり学校へ行く時間だった。朝は起きられなくて、学校に行こうとすると、身体全体が動かないように感じた。寝付きが悪くなり、酒量が増え続けた。睡眠薬も飲むようになった。

テレビに向かっても、興味がわかず、見ていない状態だった。

義務として学校へ行くと、ため息ばかり、やっと行くという感じだった。授業をやっても全然うまくいかなかった。自分も乗ってないし、生徒は余計乗らない、わあわあ騒いで、余計落ち込んでしまう。個別の生徒という感じがしなくなり、のっぺりした集団の感じに変わった。授業が終わってもほっとした感じがなく、とにかく寝ていたい、早く帰って寝たい、同僚とも話をしないし、飲みにも行かなくなった。

こうして二〇〇五年三月初旬ころより、彼は病院を受診し、しばらく病休をとることになった。なお、現在も薬は飲んでいるが、通常勤務には復帰している。

3 家族のみた症状

彼の妻は、二〇〇五年二月以降の彼の状態について、「無表情で元気がなかった」、「土日はとにかくずーっと寝ていた」、「あんなに生徒を大切にする人が、生徒をかわいいと感じなくなったと言ったのでびっくりした」という。

彼の子どもは、この二年間について、「ためいきばっかりついている」、「今までそういうことを言う人じゃなかったのに、つらい、辞めたいと言って、本当に死んじゃうんじゃないかと心配」、「テレビとかつけっぱなしなんだけど、ただ流して眺めているって感じ。やんなっちゃうなとかぼやきながら、ため息とぼやきを繰り返してる」、「ぼやっとして、お母さんなんかに、もう寝なさいよとかいろいろ言われても、話しかけても返事がない。居るんだけど居ないみたいな感じがする」という。

4　魂を抜き取られたとき

(i)　彼は、在日朝鮮人として生きる者として、「同和」教育者として、「日の丸・君が代」強制に従うことは絶対にできないと考えている。「それは個人的事情ではないか」とか「公務員である以上、個人的事情は引っ込めないといけない」と言う人がいたら、それは個人の思想を尊重するということがわからない人である。個人の食べ物の好き嫌いとか、自由時間の使い方というレベルと、思想信条の自由を区別できていない。思想信条――すなわち、決して譲り渡すことのできない近代の理念であり、生きることの意味であり、生活全体を貫いている意味である――を暴力的に奪うことが、その人の生活をどんなに解体していくか、考えなければいけない。

彼にとって、「答辞」は子どもと一緒に作ってきた日々を振り返り、ついに子どもが自立し、先生の手を離れて社会をどうとらえるか、自分をどう生きるかを意思表明するものである。「答辞」とは、先生の援助が終わった先に、生徒が自分の生き方を表現するものである。彼にとっては、自分の教えたものを超えて生徒が成長していることを実感するときだった。ところが、その答辞の意味を理解しようとしない者たちに、それを一方的に否定された。それは、教育全体の否定であり、教育の理念を奪われたことを意味した。

(ii)　彼はショックを受け無力感がひどくなり、心因性の抑うつ状態に入っている。意欲がなくなり、感情がわかなくなって、その分を酒と睡眠薬で何とか維持している。
彼の呈している症状は、多くの「君が代」病気休職者に共通しているプロセスである。

Fさん（音楽教師）

1　音楽教育の意味

音楽科教員として、ただ単に教室に来て歌って楽しかった、よかったねだけではなく、生徒の中に将来に向かって何か残したい、生徒が生涯にわたり音楽と親しんでいくきっかけになってほしいと、強く思ってきた。そのため、生徒にはいろいろな体験をさせてきた。たとえば、S高校では全員にギターをさせたり、バイオリンを授業に取り入れたりしてきた。できるだけ小学校、中学校でやってきたこと以外のことをやらせたいと思ったからである。また、雅楽器の篳篥《ひちりき》を教材としたこともある。篳篥は演奏が難しい管楽器なので、生徒も最初は手こずるが、何回か練習して音が出たときは喜びがひとしおである。音程をとるのも難しく、自分でくわえ方とか力の入れ方とか調整しないと音が出ないので、難しいがゆえに面白く、簡単に音の出る琴などよりやりがいがあるだろうと思ったからである。

彼は、日本だけではなく世界にはいろいろな音楽・文化があり、それぞれが持つよさがあるということを伝えたかった。そして、なぜそれらが生まれてきたかということを知ることによって、生徒たちが、どんなところにも優れた文化がある、伝統があるということを気づいてほしかった。大げさに言えば世界平和にも結びついていくのではないかと思ってきた。

音楽は自分の生きている感情を築いたり和らげたり、人との交流をするのにどうしてもなくてはならないものであり、だからこそ、歌いたくないという生徒に絶対に強制はしない。たとえば、宗教的な理由で校歌を歌えないという生徒がいる。神様をたたえる以外の歌は歌ってはいけないという生徒がいる。また信仰を持っていなくても、今日はちょっと歌いたくないという気分は誰でもあるし、この曲はどうしても嫌だということもある。それを大事にしなくてはいけないと思っている。

音楽で自分の気持ちを表現する、それと同時に人との関係も生まれてくる。だからこそ、人の気持ちを考えなければ表現はできない、表現活動は人の気持ちを考えて尊重することにつながっている。彼は、誰かがすごく好きで大事にしているものはあなたも大事にしてあげなくてはいけない、ということを音楽を通じて教えてきた。

2　一九九九年ころからの学校の変化

彼は、一九九九年ころから、だんだん入学式について締め付けが来るのを感じてきた。一九九九年の入学式から、それまでT高校では揚げていなかった「日の丸」が揚げられ、「君が代」をCDで流すようになった。前任校であるS高校に勤務していた間も、じわじわと「日の丸」の締め付けが来ていた。最初、「日の丸」はなく、すごくいい卒業式をやっていた。やがて外のポールに「日の丸」を何十分間か掲げるようになり、それが一日になり、今度は式場の中の三脚ということになり、彼がいた最後の年には正面になっていた。ただ、そのころ、「君が代」はあまりクローズアップされていなかった。

3 「10・23通達」以降

(1) 10・23通達が出されて

二〇〇三年の10・23通達が出され、翌一一月、音楽科の教員たちの集まりがあり、深沢高校の周年行事が異常な状態だったという話を聞いた。そのとき、とうとう来たかと、初めて自分の問題として感じた。対策は思いつかなかったが、ただごとではないと思った。

職員会議で校長が通達通りやると宣言し、「君が代」に関しても「ピアノ等で伴奏する」と通達にあり、「等」は音楽の教員がいない場合仕方ないが、いれば必ずピアノ伴奏でやるという意味だ、と説明した。そのときから、彼は「これは困ったことになる、私は弾かされる」と思った。

(2)「君が代」が弾けない理由

まず第一に、個人的信条として、「君が代」を歌えない。それは、「君が代」の歌がどうとか、曲としてどうということではなく、あの曲が歴史的にどういう使われ方をして、そのことによってどれだけ多くの人が苦しめられたかを想うと、絶対に歌えない。だから、弾くこともできない。今、「日の丸・君が代」を推し進めている人たちは、戦前の体制に戻りたいという明確な意図を持っている。こういう人たちに荷担することになるという意味でも弾けない。

第二には、ピアノで伴奏するのはただ単に歌う以上の意味があり、音楽の教員がピアノを弾けば、「さあ、歌いましょうね」と歌うことを促す立場になる。自分ひとりが歌うこととは全然意味合いが違うから、弾くことができない。自分がひとりでさえ歌えないものを、ましてやみんなに歌いましょうねと働きかけることはできない。

第三に、彼は、生徒への思い、教育方針からも、弾くことはできない。普段から教育において、誰かが好きで大事なものは尊重する、仮に自分が嫌いなものであったとしても、それは尊重しなければならない、自分が何かを大事にすることの裏返しとして、いくら大事なものでもそれを人に強制してはいけない、と考えてきた。日本の音楽は日本の文化であり、いろんな国の文化があり、全体として地球の、人類の財産であること、どこの国がいいとか悪いとかいうことではないということを伝えたい。にもかかわらず、いま権力がやすやすと人の心の中に土足で入り込んできている。日本がそういう人の心を踏みにじる、野蛮な国になってほしくない、と強く願っている。文化国家であるならば、最低限個人の心は尊重すべきである。

(3) 精神的苦痛・体の不調

職員会議以降、「君が代」伴奏を強制されることを想って、夜眠れなくなった。布団に入っても、自分に何ができるか、どうやって抵抗できるかと考えてしまう。校長が、職務命令に従わない者の処分をちらつかせていた。処分が重なれば解雇するという脅しを感じる。自分の家族を路頭に迷わせるわけにはいかない。

このことで処分を受けるのはばかばかしい、何とか回避する方法がないか。方法としては休暇をとることが考えられるが、校長は当日休暇を認めないと言っている、当日休暇が認められないということは、出席して弾かなければ、処分を受けるということである。堂々巡りの悩みが、何日も、明け方明るくなるまで続いた。

いっそのこと教員を辞めようという思いが浮かび、今から転職の道はないかと思ったり、この歳で再就職も、あるいは事業を始めるのもむずかしいと煩悶《はんもん》するのだった。

一睡もできない日もあったし、頭が重くて起きられず、休暇をとることもあった。学校に行ってもそんな状態のため、頭がボーッとしていつものように動けなかった。

夜は悪夢を見る。それまで見たことはないようなこわい夢、たとえば、銃口が自分のほうを向いて、真っ黒な銃口がリアルに鮮明に迫ってきて、撃たれたのか撃たれていないのかわからない。撃たれるぞというところで目が覚める。こんな夢を見て目が覚めた後は、眠れない。

ほかに、自分の子どもが死んでいる、なぜ死んだかはわからないが、とにかく死んだ場所に駆けつけている夢を見る。こういった悪夢は、たいてい夜中に見ている。悪夢で目が覚めると、それ以降眠れない。悪夢で声も出したことがある。彼は気がつかなかったが、妻が気づいて、うなされていたと彼に言った。目覚めたときは、心臓がドキドキしていた。

このようなことが続き、学校に行くのが辛くなり、朝ご飯も食べられなくなり、年休をとることがだんだん多くなっていった。とにかく、眠らなければしょうがないと思い、精神科を受診、睡眠薬を処方された。

胃も痛んだ。胃が痛いのはこのときが初めてだった。頭も重かった。また、手(前腕部)の内側と足に湿疹が出た。

このようなひどい症状は、二〇〇三年度(二〇〇四年三月)の卒業式までだった。この年は10・23通達が出て、非常に強い締め付けが来た最初の年だった。彼は二〇〇四年三月一日から四月の入学式があった週まで、病気休暇を約一カ月とった。その間は、好きな楽器の練習をすることもできなかった。休暇をとった後は、一応症状はおさまった。

4　今後の不安

二〇〇四年一学期の校長面接で、校長から異動はどうするのかと聞かれ、来年も「君が代」を弾かないのなら、出て行ってほしいと言われた。彼は九月に異動希望を出した。

U高校へ異動の内示が出て、面接を受けに行くと、他の話に入る前にまず「君が代」について聞かれた。その校長から「いつまでもわがままを言っていられる状況でない」と言われた。

その後、彼は、式の日には年休をとっている。年休をとって休むのでは、逃げるだけなので、出席して弾かないというのが筋じゃないかと考え、卒業式の前日まで悩む。これまでは年休で切り抜け、今度も年休をとるつもりだが、いつまでもこれができるとは思えない。いつかは絶対に弾かざるを得ない状況に追いやられる。しかし、できればそういうことは考えたくない。

ピアノを弾かされる側の思いは、周囲にはなかなか理解されない。同じ職場の人たちでも、もうしょうがないという空気があり、弾かされる側の思いはわかってもらえない。

5　野蛮な国の悪夢

(i)　強制によって教育が変えられている、それは耐えがたい、と彼は苦しんできた。音楽は人類全体の財産であると考え、その多様性を伝えてきたのに、現在の教育行政がそれを踏みにじり、

「君が代」を強制することで教育そのものを変えている。強制することは野蛮であって、そういった野蛮な国になってほしくない、と願ってきた。

(ii)　さらにピアノを弾くのは、歌を歌うことを促す立場になる。自分ひとりが歌うこととは全然意味が違う。そのことの苦しさに立ちすくんでいる。

(iii)　そのように追い詰められるなかで、彼は体調を崩し、悪夢を見るようになった。悪夢で目が覚め、その後眠れない。

悪夢は自分の子どもが死んでいる夢。子どもは生徒の象徴かもしれないし、自分がこういう形で死んだ後、子どもも死んでいくというイメージかもしれない。死んだ場所に死んだはずの自分がかけつけて行く。妻もうなされている自分の声で起きたりする。そして、夜中に目が覚めたとき心臓がおどっている。日中の苦しみが続き、夜も緊張したままである。

(iv)　朝起きてうっとうしく、ご飯も食べられない、学校に行くのは気が重い、胃が痛い、湿疹が出る、頭が重いといった症状も出ている。

消化器の症状、湿疹、全体として意欲の低下、感情の抑制の持続。強制を受けた人に共通の身体と精神の症状が、彼にも出ている。

面接を終えて――いま教師が直面していること

教師はいつも生徒に「自分で考え、自分で判断し、自立した人間として生きてほしい」と語りかけている。それは一〇年前、二〇年前、彼らが教師という職業を自らの使命として選んだとき、何度となく読んだ『教育基本法』、そこに書かれた「教育の目的」そのものであった。『教育基本法』第一条（教育の目的）には、「教育は、人格の完成をめざし、平和的な国家及び社会の形成者として、真理と正義を愛し、個人の価値をたつとび、勤労と責任を重んじ、自主的精神に充ちた心身ともに健康な国民の育成を期して行われなければならない」と明記されている。そのために、第二条（教育の方針）において、「学問の自由を尊重し、実際生活に即し、自発的精神を養い、自他の敬愛と協力によつて、文化の創造と発展に貢献するように努めなければならない」と書かれている。今日の教師たちは、このような理念のもとに、子どもたちの人格の完成に付き合い、そこから教師としての生きる意味を確立してきた。

ところが近年の校長から教師への強制と命令は、個々の教師の精神を打ちくだいてきた。彼らはうめいている、「教育は強制と最も遠いところにある。私たちは子どもと交流し、彼らを励まし、彼らの可能性に注目し、彼らの人間性を尊重することによって、教育者でありえた。その自分がどうしても納得できないことを強制され、その奴隷となって、どうして子どもの前で教育者であありえるのか」と。

「君が代」斉唱への先生たちの不同意の思いには二つある。「君が代」の歌詞が自らの思想・信条から納得できないという思いと、教育委員会―校長―教員―生徒へと下りていく問答無用の強制は教育の場にふさわしくない、むしろ教育を破壊するものであるという考えである。

にもかかわらず強制される。都教委の命令を受け、式の受付、病気の生徒の世話など式運営のための仕事につくことも、当日、休暇をとることも認めない校長が多い。とりわけ音楽教師は、「君が代」合唱の練習指導と当日のピアノ伴奏が強制される。従わないと処分、担任や教科はずし、遠隔地への異動、一、二年ごとの短期異動、強制研修、指導力不足教員という判定、どんどんエスカレートしている。やがては懲戒免職させられる。定年退職後、引き続き嘱託として勤務することが決まっていた教師が、不起立のため年度末ぎりぎりに嘱託の合格を取り消されている。

先生たちは初め怒り、あきれた。自ら考え、自分の良心に従って生きるように示し伝えるのが教育でなかったか。思考停止して強制に従う姿を生徒に見せて、教師として生きていくことができるのか。だが、不利益の重なりは家族に迷惑をかける。さらに校長は、「不起立を通せば、あなたはよいかもしれないが、学校の名誉が傷つき、同僚が迷惑する」と責める。起立しなかった教員がいたという理由だけで不利益を被った板橋高校の事例をみせしめの例にあげ、不起立者を非難する教師も出てくる。自責と苦悶は止まず、学校を辞めたい、休息したい、死にたいという逃避願望が駆け巡る。こうして多くの教師が自己評価を低くし、卑屈になっている。

教師という職業は仕事への情熱、徹底性、強い義務責任感、正直、几帳面といった性格の人を求める。そして働いているうちに、これらの性格は職業文化として強化される。そうであればあるほど、正直に、几帳面に生きていたいという彼らの思いが打ちくだかれ、うめき声をあげている。

私は予防訴訟原告のうち、わずか七人に会ってきただけだが、いずれの人も崩れてはいけないと緊張しながら、極度のストレス障害の状態にあった。彼らの症状をまとめると次のようになる。

1　身体化された症状

特に消化器の症状が目立つ。不快なものを無理やり飲まされる、強制される、体のなかに突き込まれることからくる、どうしようもない吐き気や嘔吐。胃腸の重い感じや痛み。下痢と便秘が交代する過敏症状。食欲不振。

胸部の圧迫感。頻脈、不整脈などによる心臓の不快感。

頭重感、頭痛。全身の気怠《けだる》さ。肩の痛み。腰痛。

時に手のふるえ(特に伴奏を強制された音楽教師)、手のこわばり。歩行障害。

不眠。悪夢。夜驚《やきょう》。

2　感情の不安定

慢性的な感情の制御困難。怒り。自責感。自己破壊的なイメージに満たされ、死を思ったりする。泣きやすくなる。校長や教育委員会に苛められている場面がフラッシュ・バックして苦しむ。

3　抑うつ
意欲の低下。空虚感。焦燥。感情の抑制。

4　自己像の変化
同僚との交流を控える傾向。恥辱感。絶望感。自分は無用な人間だという感覚。取り返しのつかない被害の感覚。これまで自分を支えていた意味や使命の喪失感。とりわけ生徒たちへの罪悪感。将来への不安など。

ほとんどの教師は教育委員会と校長の暴力に対し抗議し、闘っているため、自分の苦しさを訴えてこなかった。だが、私が彼らの内面にふれる質問をすると、すぐ言葉につまり、涙が頬をつたう人が少なくなかった。内科、精神科などに通院している人もいる。

教育委員会や校長は相手に納得させることのできない理不尽な命令を出して、相手に行為を強いる。しなければ処分する、次の不利益が順々に待っていると脅す。教師の思想・信条を無視し、否定し、「君が代」に跪拝しないことによってその教師の評価を最低につける。さらに「同僚が迷惑する、校長も処分される、学校の名誉が傷つく、生徒たちが世間から冷たくみられる」と責め、「不起立では評価は低くなるので、遠くの学校へ転勤となるかもしれない。そうなれば、家族の世話は難しくなる」と咎める。からめ手からの攻撃は不起立を決意した教師に自責感をひきおこす。几帳面な教師の良心は、こんな周囲の親しい人々の迷惑という脅しに無防備である。これは拷問以外のなにものでもない。しかも、不起立への処分の後に、「事故再発防止研修」なるものに出席を強制する。事故と考えていない人に、事故と叫んで彼らの信念を貶める。

信条において「君が代」に不同意な教師たちは、いいかげんな性格の対極にある良心の人である。良心の教師たちが苦しめられる姿を、子どもたちは敏感に見ている。良心の教師が萎縮したとき、学校教育はさらに荒廃するだろう。

今回の精神医学的面接は七人の教師についてであるが、教師の精神状態が悪化していることは様々なデータが物語っている。たとえば病気休職者、とりわけ精神疾患による休職者の急増は、厚生労働省がここ数年にわたり何度となく通達してきた職場の精神保健の改善に反して、教育行政に問題があることを統計的に示している。

文部科学省が編集する広報雑誌『教育委員会月報』の一二月号には、毎年、前年度の教職員の休職数などの統計が載っている。その数年分を並べると、近年の教育行政の荒廃が浮き上がってくる。

強制の効果は歴然としている。月報から東京都の教職員についての数字を拾うと、一九九九年度、全病気休職者は二六九人、そのうち精神疾患は一四三人(約五三%)であった。二〇〇二年度は病気休職者二九九人、そのうち精神疾患一七一人(約五七%)であり、以前からの微増傾向のま

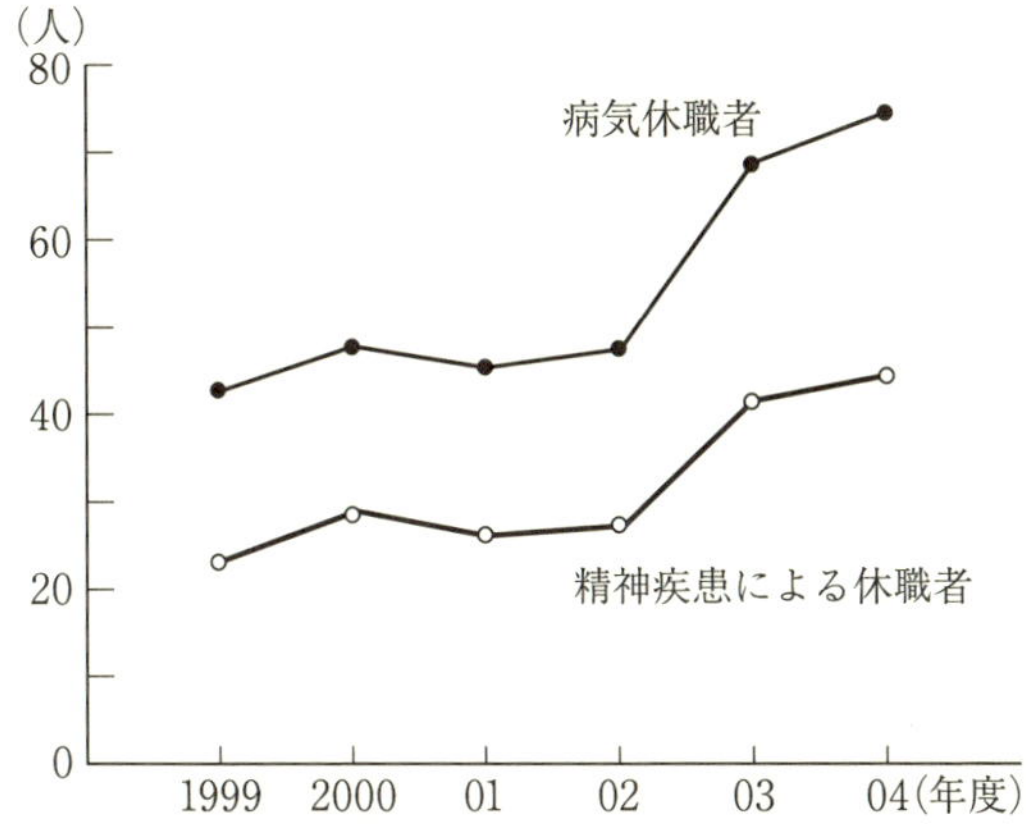

東京都の教職員の休職者数(1万人あたり)

までであった。ところが戒厳令通達が出た二〇〇三年度、一気に病気休職者四三三人(前年度比約四五%増)、そのうち精神疾患二五九人(同約五一%増)となる。二〇〇四年度はさらに増え、病気休職者四六四人、そのうち精神疾患二七七人。二〇〇五年度も異常な数字のままであろう。

教職員数は少しずつ減らされているので、一万人あたりの比率を学校職員定数条例に基づき計算したところ、二〇〇二年度の病気休職者四八人、そのうち精神疾患二七人だったのが、二〇〇三年度には病気休職者六九人、そのうち精神疾患四二人となっている。二〇〇四年度は、それぞれ七五人、四五人である。

企業なら大問題であり、人事の役員は各職場のマネジメントの総点検を行うに違いない。倒れる社員が続出する企業から、優れた製品もサービスも生まれないからだ。ところが教育行政では教育改革と叫んでおれば、教育意欲の破壊は無視される。不健康のデータは何が起きているか物語って余りある。

それは児童生徒の教師不信、人間不信に直結し、少年の凶悪犯罪事件の増加、少年非行の増加となって現われていくだろう。教育に直接たずさわっている教師の生きがいを高めること、志気を高めることこそ重要であり、その逆の抑圧は直ちに止められねばならない。

V　コミュニケーションを奪われた子どもたち

教師たちが自律した人として考えることを侮蔑され、させられる教師になっているとき、生徒たちも同じ状況にある。まず文部省が変えられ、文部省の指導研修、通達によって、都道府県・政令都市の教育委員会が変えられ、校長・教頭・主任が隷属していった。一九八〇年代——福岡県北九州市の県立若松高校で「君が代」伴奏の強制が始まったのは一九七九年三月——から、教師たちの抵抗の弱いところ、知事が右傾化したところから個別に思考停止していった。

そんな学校では、社会の動きに関心をもつことを許さず、決められた教科の勉強とスポーツへの打ち込みが強制され、服装検査、規則による学校生活の統制、集団への従順が強いられていった。対話、自発性の対極にある強制が進み、にもかかわらず「挨拶のできる、明るい、よい子」が作られていった。心ならずも挨拶する、閉ざされて明るい、表面的によい子が作られていった。子どもたちはいじめといじめられのゲームで、自殺と暴力と殺人と性的非行で、自分たちが生きている日常を表現してみせた。

こんな学校にしてきたのは、しかたがないとして従ってきた教師たちである。それを容認してきた市民である。この章で、教師がさせられる人間にされるとき、子どもたちはいかに人格の分裂を強いられるか、述べておこう。

それでもなお、子どもとの交流の温もりから、私たちは生きる力を得る。

狂気の沙汰と化す成績評価

教育改革の一つとして、小・中学校に「絶対評価」なるものが導入されて以来、生徒の成績表――通知表と印刷されている――は、中折れ一枚の表ではなく、ファイルのようなものになっている。ある京都の中学校の通知表(二〇〇二年)の場合、一五頁もある。電気製品の説明書のようだ。「自ら学び、自ら考え、自ら責任のある行動ができる生徒に育てる」と教育目標を掲げた通知表を開くと、必修教科九科目、選択教科四科目について、表1のような観点別評価(A～Cの三評価)と評定(1～5の評価)の項目が並んでいる。

たとえば、一学期の国語「春を伝える」と「世界に目を向ける……」の二要項について、それぞれ「国語への関心・意欲・態度」、「話すこと・聞くこと」、「書くこと」、「読むこと」、「言語事項」の五項目について、観点別評価が記され、さらに評定なるものが記されている。国語だけで一一項目の採点。社会、数学、理科、英語……と九教科について、それぞれ複雑な評点項目が続き、総項目六七について、点数が記されている。それは一学期についてだけであり、二学期六九項目、三学期七四項目と指導要項ごとに採点され、数えると二一〇項目について評価が付けられていた。さらに学年末の総評価も各教科ごとに観点別評価と評定なるもの六二項目について、評価が記されている。すなわち、一学年の総評価項目数は二七二項目に及ぶ。

表1　　　1学期の必修教科の記録　　　2年　組　番

国　語

春を伝える		
	観　点	観点別評価
	国語への関心・意欲・態度	A
	話すこと・聞くこと	A
	書くこと	A
	読むこと	A
	言語事項	A
世界に目を向ける「伝え合い」「マドゥーの地で」		
	観　点	観点別評価
	国語への関心・意欲・態度	A
	話すこと・聞くこと	
	書くこと	
	読むこと	A
	言語事項	A
評　定		5

社　会

〈歴史的分野〉　二つの世界大戦と日本，現代の世界		
	観　点	観点別評価
	社会的事象への関心・意欲・態度	A
	社会的な思考・判断	A
	資料活用の技能・表現	A
	社会的事象についての知識・理解	A
〈地理的分野〉　わたしたちが住む地球		
	観　点	観点別評価
	社会的事象への関心・意欲・態度	A
	社会的な思考・判断	A
	資料活用の技能・表現	B
	社会的事象についての知識・理解	A
評　定		5

数　学

式の計算		
	観　点	観点別評価
	数学への関心・意欲・態度	A
	数学的な見方や考え方	A
	数学的な表現・処理	A
	数量，図形などについての知識・理解	A
連立方程式		
	観　点	観点別評価
	数学への関心・意欲・態度	A
	数学的な見方や考え方	A
	数学的な表現・処理	A
	数量，図形などについての知識・理解	A
評　定		5

理　科

電流とその利用		
	観　点	観点別評価
	自然事象への関心・意欲・態度	A
	科学的な思考	A
	観察・実験の技能・表現	A
	自然事象についての知識・理解	A
評　定		5

古人は、このような未来が来ることを予測して、「狂気の沙汰」なる言葉をつくっておいてくれたのか。文部科学省や教育委員会の役人が勝手に乱数表を付けるのなら、ここに紹介するほどのことではないが、学校の先生たちは、彼らから狂気の沙汰を絶対的に強制されるのである。

中学校の先生の場合は教科別の担任なので、何人の生徒を教えるのか、学校によって差がある。社会科の先生が一人の生徒に付ける一年間の評価項目は二七なので、四〇人のクラスについて一〇八〇項目の評点を付けることになる。一学年三クラスの中学校なら、二七項目×三六〇人、九七二〇項目について評価することになる。

さらに教師は、保護者への説明責任があるとの理由から、観点別評価の根拠を記録に残すよう命じられている。通知表「副表」なるものもその一つで、表2は京都市のある校長会が作成した小学六年生の算数の副表である。教える事項を列挙し、「算数への関心・意欲・態度」、「数学的な考え方」、「数量や図形についての表現・処理」、「数量や図形についての知識・理解」の四観点なるものを横軸に取り、マトリックスを作っている。これを作成した人たちは、まったく自覚していないのであろうが、ここには人間の精神をモザイクの集合としてとらえる、貧しい人間観が表れている。

四観点の違いも、よくわからない。「知識・理解」の列では、「感覚を豊かにし」という言葉が散りばめられているが、整数や分数について「感覚を豊かにし」とは、どんな感覚なのか。意味不明な感覚を評価させられる先生は、どんな感情を抱くことか。「関心・意欲・態度」の列では、

6年　　組　　名前(　　　　　　　　　　)

数量や図形についての表現・処理		数量や図形についての知識・理解	
分数の計算が確実にでき，それを用いるとともに，立体図形の体積を求めたり，立体図形を構成したり，数量の関係などを表したり調べたりする．	評価	数量や図形についての感覚を豊かにするとともに，分数の計算の意味，体積の求め方，基本的な立体図形の意味及び数量の関係の表し方や調べ方を理解している．	評価
具体的な場面に応じて，倍数・約数，公倍数・公約数を求めることができる．		整数についての感覚を豊かにし，倍数・約数と公倍数・公約数の意味やそれぞれの求め方を理解している．	
分数の大小を比べることや異分母分数の加法や減法ができる．		分数についての感覚を豊かにし，約分・通分の意味とその方法を理解している．	
直方体や立方体の見取り図や展開図をかいたり，紙やひごで構成したりすることができる．		立体についての感覚を豊かにし，辺や面の平行・垂直などの関係も含めて，直方体や立方体について理解し，三角柱，四角柱や円柱などの名称を知り，その性質を理解している．	
売上高などの具体的な場面において，積や商を概数で見積もったり，積の範囲や桁数を見積もったりすることができる．		売上高などの具体的な場面において，およその数をとらえるなど数についての感覚を豊かにし，積や商を概数で見積もる方法や積の範囲や桁数を見積もる方法を理解している．	
集団の特徴を表す値として平均を求めたり，活用したり，歩幅を用いて道のりを概測したりすることができる．		集団の特徴を表す値として用いられる平均の意味や概測の意味を理解している．	
情報を利用してノノグラムを解決したり，できた形からノノグラムを作ったりすることができる．		ノノグラムについてその考え方や作り方を理解している．	
速さや人口密度などを求めることができる．		速さや人口密度など異種の量についての感覚を豊かにし，比べ方や表し方について理解している．	

表2　　通知表 副表　　6年　算数

学期	観点	算数への関心・意欲・態度		数学的な考え方	
	評価の観点の趣旨	数量や図形の性質や関係などに着目して考察処理したり，論理的に考えたりすることのよさに気付き，進んで活用しようとする.	評価	算数的活動を通して，数学的な考え方の基礎を身に付け，論理的に考えたり，発展的，統合的に考えたりする.	評価
1学期	1 整　数	倍数・約数の考えが，日常生活の中で活用できる楽しさやよさに気付き，それらを進んで問題解決に生かそうとする.		具体的な場面に応じて，整数を倍数・約数の観点から分類して考察する.	
	2 分数のたし算ひき算	分数の大小の比べ方や異分母分数の加法や減法の計算の仕方を考えたりする楽しさやよさに気付き，それらを進んで問題解決に生かそうとする.		分数の大小の比べ方や異分母分数の加法や減法の計算の仕方を筋道を立てて考える.	
	3 立　体	直方体や立方体及び角柱や円柱を，進んで観察したり構成・分解したりし，その特徴をとらえようとする.		＊構成要素の数や面の形，辺や面の平行，垂直の関係などの観点から直方体や立方体の特徴を考える. ＊立体図形を観察したり，分類したりするなどの活動を通して，角柱や円柱の特徴を考える.	
	4 計算の見積もり	目的に応じて概数で処理することのよさに気付き，積や商の大きさを見積もり計算しようとする.		積や商を概数で見積もるとき，目的に応じてどのくらいまでの概数にしたらよいかを考えたり判断したりする.	
	5 平均とその利用	集団の特徴をあらわす値として平均を用いるよさに気付き，身の回りにある事柄について統計的に考察したり，調べようとしたりしようとする.		平均の考えを用いて，身の回りにある事柄について統計的に考察したり，表現の仕方を工夫している.	
	算数の広場 どんな形ができるかな	論理的に考えることの楽しさやよさに気付き，問題の解決に進んで活用しようとする.		ノノグラムのルールを理解して，情報を利用して筋道を立てて考える.	
	6 単位量あたり	速さや人口密度などを単位量あたりの考えを用いて数値化したり，それらを進んで問題解決に生かしたりしようとする.		速さや人口密度などを単位量あたりの考えを用いて筋道を立てて考える.	

「進んで活用しようとする」という言葉が羅列されているが、それを評価するには生徒の生活全体を付きっきりで観察するしかないだろう。無意味で不可能な評価項目を、「評価した」と偽れ、と命じているだけである。命じた校長は、教育改革の推進に貢献していると思って満足し、命じられた教師は生徒との接触の時間をさらに奪われる。そして、偽りの成績表を形だけ整えさせられることによって、教育への意欲低下はさらに進む。

表2に示した小学校六年一学期の副表の評価項目は約一八〇、四〇人の生徒を担任すると総計七二〇〇項目にも及ぶ。これでは、生徒の顔を憶える前に、生徒が点数に見えたとしても、不思議ではない。

先生との関係を歪める自己評価

教師と生徒のコミュニケーションがいかに奪われているか、歪められているか、通知表を例にあげて明らかにしてみた。この通知表には、さらに「総合的な学習の時間」評価表の頁もあり、そこでは生徒と先生の関係を歪める「自己評価欄」なるものがある。

自己評価とは自らの意思において自らに向かって行うものであり、他人が命じ、他人に向かって行うものではない。ところが、生徒に提出用の日記を書かせることを当然とする学校文化では、自己評価を生徒から教師に提出させるのはよいことだと思っている。この自己評価の八項目は、「興味や関心に沿って、適切な課題設定ができたか」、「課題に対して追求の視点を持ち、適切な計画を立てることができたか」、「課題に対して意欲を持って調べ、追求することができたか」、「調べ方や学び方に自分の工夫をすることができたか」、「学習したことや自分の考えを適切にまとめることができたか」、「学習したことや自分の考えをわかりやすく発表することができたか」、「興味や関心を持って、他の人のまとめや発表から学ぶことができたか」、「活動を通し、自分の見方や考え方に深まりができたか」である。それぞれに「十分満足」、「おおむね満足」、「努力を要す」の自己評価を付けさせられる。さらに「自己の振り返り」として、頑張ったことや反省を書かねばならない。

私はあえて八項目を転写した。もう一度読んでほしい。それぞれの評価の違いがわかるだろうか。わずか数時間の学習の後、こんな自己評価が待っているとすれば、どんな気持ちになるだろうか。

しかし教師は「しっかり書いていない者は、たとえ成績がよくても、関心・意欲・態度の評価はC（努力を要す）になる。まともな高校へ入れないぞ」と脅すそうである。

嘘の訓練をさせられている

ある中学生は「自分たちの地域の問題」という総合学習の自己評価について、次のように言う。

「皆は『地域の問題』なんて、いきなり言われてもよくわからないから、とりあえず不法駐輪とか、ゴミの問題とかを取りあげる。それを適当に、どっかのポスターか教科書に載っているような文章に仕立てて書く。まるで、自分があたかもその問題についてよく考えていて、不法駐輪なんか一度もやったことのないような顔をして。そうして文章を書けば、レポートはAだなとか。こういうことについて取りあげればAだなというのは、学校教育で飼いならされてきた私たちにはわかる。地域のことをよく考えている素晴らしい中学生を演じてみて、また家に帰ったら不法駐輪して遊ぶ。レポートを書いても、私たちの意識が変わることはない。ただ、先生に気に入られる子になるのが、またひとつうまくなっただけだ。関心・意欲・態度という項目に沿って、いい子になっただけだ。先生もそのことを知っている。私たちが何も変わらないことを。すごく変な感じ、皆が嘘の訓練をさせられているみたいだ。

『自己の振り返り』なんかに、誰が正直に本当のことを書くだろうか。点数になってA・B・Cが付くのを知っていて。いい子になって、Aをもらって、成績をよくして、いい高校へ行く？それとも正直に書きたくないものは書かず、自分のやり方を貫く？　書きたくない、貫きたいよ、と私は思う。じゃ、成績は2か3だね……、こんな問答が続いてしまう」

人格の分裂を強要する圧力は、ハタ・ウタの強制と同じである。「君が代」を強制させられた教師たちは、唯唯諾諾《いいだくだく》と子どもたちに偽りの自分を生きることを強いている。

迷った挙げ句、彼女は「活動を通して、自分の見方や考え方に深まりができたか」にC（あまりできなかった）を付けた。感想の欄には、自分の思ったことを正直に書いた。嘘つきの訓練をさせられているようだ、と。しかしこの感想の文章は、先生に提出せず、自分で持っていた。

「21世紀の学校づくり」の先進中学である彼女の学校へ、京都市中の先生がレポート発表を見に来たとき、彼女は持っていたその感想文を発表した。クラスの皆は、なぜかげらげら笑った。見学に来た多くの先生たちも笑っていた。先生は苦笑して、「貴重な意見をありがとう」と言った。彼女は「クラスの皆がこわばった顔をしているより、げらげら笑っているほうがかっこいいな」と思ったという。この笑いは、全体主義社会で抑圧された人々の笑いと同じである。

ほかのひとりの男の子は、「後ですごく悪い気分になるから書かない、成績が下がってもいい」と言った。だが、こんな子どもはごく少数であり、圧倒的多数の適応者に押し潰される。異常が正常になるとき、少数の正常者は異常とされるのだ。

教師たちも五、六年前から自己申告書を書かされている。自分を評価し、臨時給与や昇給の有無多少を決め、転勤も左右する校長に、自分の評価はこうであると申告する。しかも、強制に気づかないふりをして、喜んで書いたふりをする。生徒も先生も、装った自己像と消されていく本当の自分との間で揺れ動き、悩み、そのうちに悩むことさえ忘れてしまう。

これが、「どのような情報社会をつくるのか」を検討してこなかった日本社会の現実なのである。情報化はコミュニケーションを豊かにする手段だったはずだが、逆の方向に機能している。パソ先の通知表、成績評価のマトリックスは、パソコンがなければ発想しえなかったであろう。パソコンがあるがゆえに、教師に作成させせえると考えたのであろう。形のうえでできても、してはならないこととは何か、その判断力を失ってしまっている。日本的情報化は、教師と子どものディスコミュニケーションを進めて止むところを知らない。

虚仮《こけ》の訓練を受ける子どもたち

このように、子どもたちのコミュニケーションは学校制度を通して変質させられている。子どもは学校に適応していかねばならない。過剰適応も、いじめといじめられの陰湿なゲームも、引きこもりや不登校も、適応を試みた結果である。学校がこれほどまでに虚仮(今様に言えばバーチャリティ)の訓練の工場となっているとき、子どもたちはいかにして現実を語り合うことができるだろうか。

数カ月おきにマスコミを騒がす少年殺人事件は、学校が強いる虚仮の世界に溺れ、その虚仮の世界にひびを入れる病理的試みと見ることもできる。

たとえば、二〇〇三年一一月一日深夜、大阪府河内長野市で起きた家族殺傷事件は、今日の少年事件の極北にあった。芸術大学一年の少年(一八歳)が、ハロウィーンの夜に家族を殺すと決め、母を刺殺、弟と父に重傷を負わせた。同じころ、彼の女友だちである高校一年の少女(一六歳)も邪魔な両親を殺す予定だった。だが、まだ決行していなかった。二人の家族とも、親子関係は悪くなく、少年の父親は家族でキャンプに行くことを好む人だった。少女の父母とも中学校教師であり、瀟洒《しょうしゃ》な郊外住宅に住む。二人は「家族を殺し、家のどこかに隠し、しばらく楽しく暮らし、カネがなくなれば心中しようと思っていた」と供述したという。

警察はこれを計画的犯行と発表していたが、一般に言う「計画的」という言葉にとてもあてはまらない。日常の世界と幻想の世界が接しており、時に幻想の世界がより現実性を帯びている。それは先の自己評価のごときものを書かされ、人と人との確かなコミュニケーションを奪われた子どもたちの自閉的思考にほかならない。

現実と幻想の瞬時の移り変わりは、少女が作ったホームページの文章にもよく表れていた。「変な夢」と題するイメージは、「友だちと何人か連れ立って、ある教室に殴り込み。とりあえず、ほかの子がなぎ倒した男子に向かって、カカト落とし。左眼に。もちろん潰れた。はみ出た。オタマで頭を滅多打ち。刺さったなぁ。その後も煮えた油を頭からかけたり、痛そうなところに水を噴射したり、あんかけをかけたり、結局食えなかったけど、人肉」と読むに耐えない加虐性を膨らましている。

ところで、問題はサディズムの先にまだある。彼女はこの文章に続けて、「後で先生に呼び出しくらって、並ばされて怒られた」と書いていた。結末は、学校が燃え上がってすべてが崩壊するというのではない。そのまま日常の世界に戻っている。

先の自己評価に苦しむ少女が、これは嘘の訓練だと先生たちに伝えたとき、先生が「貴重な意見をありがとう」と答えたことと、どれだけ違うか。リアリティのないことでは、同じである。

少女が読んだ一冊の絵本

その後、同少女のホームページに書かれた「本屋で偶然見た絵本、主人公の女の子が理由もなく親を殺す話。毒だね」の一行に注目し、共同通信社の記者が一冊の絵本を探し出して持ってきた。

西岡兄妹(兄が文章、妹がパステルカラーの絵を描く)の名による『人殺しの女の子の話』は、「人を殺したい　女の子はそう思いました　理由はありませんでした」で始まる。

毎日毎日ぐるぐるとつづく日常というものに　飽き飽きしてしまっていたのかもしれません
幸せでも不幸せでもない退屈な生活に　ちょっとしたスリルを与えたい　そう思ったのかもしれません　考えてみてもよくわかりませんでした……
「わたくしくらいの年頃にはみんな　人を殺したくなることがあるものだわ、でも勇気がなくてできないだけなのだわ」と女の子はそう思いました　「人殺し、人殺し、人殺し」と頭の中で三回つぶやきました　すると胸の奥のほうのどこかの場所で　何かがきゅんと小さな音を立てました

かわいく装った少女はこう考える。こうしてきれいな台所で料理をしていた母を包丁で刺し殺し、帰って来た父に「肩車をしてちょうだい」とねだり、背後からネクタイで絞め殺す。そうし

て独りぼっちになって、「天涯孤独なのだわ」と寂しがる。行為の後、元の生活に戻れるかのように思っている、現実感の乏しさは、絵本にも凶悪事件の実行者にも共通している。西岡兄妹のホームページを開くと、『首吊職人』、『人喰先生』といった絵本の宣伝が並んでおり、そのシルクスクリーンの絵も売られている。ファンも少なくないようだ。

私がこの事件と絵本の話をすると、何人かの大人たち、とりわけ中年の男たちは、こんな本は発行禁止にすべきだと言う。彼らは無意味なことを言っているのに気づかない。人の想像を刺激する本、絵本、雑誌、ビデオ、インターネット、すべてを禁止できはしない。もし法令を作って禁止しようとすれば、言論・報道の抑圧になるばかりであり、子どもたちは入手困難になった媒体を集めることに刺激を求めるであろう。このような虚仮《こけ》を求める子どもたちの生活を直視しないで、絵本を取り締まれと主張する大人たちの社会への関わりこそが虚仮でしかない。

教育基本法の理念に戻れ

現状をどう変えるか。方向は、すでに提示されている。教育基本法の理念に戻り、「個人の価値をたつとび」、「自主的精神に充ちた」(同法第一条)市民を育てねばならない。そのために教師は、無意味な書類作成に追われることなく、子どもとの交流の時間を多く持たなければならない。子どもと人格的交流ができる教師こそ評価されなければならない。先生と生徒との交流も、人と人との交流の大切な一つである。

上から管理された交流、たとえば、支配者によって管理された家族の交流がありえないように、上から管理された教師と生徒の人格的交流もありえない。教育行政は、先に述べた教育基本法第一条に対応して「教育の目的を遂行するに必要な諸条件の整備確立を目標として行われなければならない」(同法第一〇条)のであり、それ以外の教育内容の管理、教師の管理に精を出してはならないのだ。

しかし現状は、コミュニケーションを豊かにし、どう生きていくかを考え、友だちと語り合い、人と人との交流に喜びを感じ、道徳感情を育てていく方向とは逆になっている。学力テストが重視され、競争が煽《あお》られている。公立の中高一貫学校が教育改革の成果の目玉として宣伝され、マスコミは拍手を送り、受験塾で訓練した子どもたちが殺到している。批判する者は少なく、競争激化こそ教育改革、と信じる者は多い。

「国連・子どもの権利委員会」は二〇〇四年、日本政府に対して勧告を出している。第一に、子どもの意見表明権を護り、学校などの運営に子どもの意見を反映させ、定期的に確認すること。第二に、保護者や教師などに対して、暴力なしで指導することの大切さを伝えること。第三に、学校は人権を学ぶだけでなく、権利を実践する場でもあり、学校の中で競争させるような状況は改善すべきである、という勧告内容だ。これはほかの国の話ではない。最先進国と大人たちが信じている、この日本政府への勧告である。

「世界のトップレベルの学力復活を目指す」教育改革を主張している大人たちは、この三点の勧告のいずれをも理解しないか、鼻であしらっている。子どもの意見表明？——それは何だ、子どもに意見などあるはずがない、指導に従って打ち込む姿勢こそ尊い。体罰はよくないかもしれないが、体罰がやむを得ぬ場合もある、体罰によって鍛えられる面もあることを忘れてはならない。日本の教育を悪くしてきたのは競争を排除し、順位を付けることを嫌ってきたからである。競争をなくし、人権を実践しろなんて、日本の競争力を落とすための外国の陰謀に過ぎぬ——そう思う大人、とりわけ男たちは少なくないであろう。

子どもから得ている貴重なもの

五五年前に「児童は、人として尊ばれる。児童は、社会の一員として重んじられる」、「すべての児童は、個性と能力に応じて教育され、社会の一員としての責任を自主的に果たすように、みちびかれる」と「児童憲章」を制定しておきながら、そして「子どもの権利条約」を批准しておきながら、先の勧告を受けるのが日本の現状なのである。教育行政にたずさわっている者は、子どもは国家のために教育されなければならない、と思い込んでいるようだ。だが、子どもは粘土ではない。

コミュニケーションは双方向性のものである。子どもにとって、子どもどうしや、子どもと大人のコミュニケーションが大切であると同じく、大人にとっても子どもとのコミュニケーションは大切である。

大人が子どもからどれだけ多くのもの、貴重なものを得ているか、書きとめて本書の結びとしよう。

第一に、私たちは子どもから生命の温かさ、柔らかさを得ている。子どもの日々の成長・発達に感動し、その子の新しい可能性が開かれていくのに驚いている。教育や訓練による期待をはるかに超えて、子どもは生物として、人間として、成長していく。こうして大人たちに生命の温かさを伝えるのが「子どもの力」である。

親や教師は子どもに期待し、思うようにならず怒ったりするが、子どもに絶望はしない。もし絶望するとしたら、自分自身の子どもとの感情交流の欠如に絶望しているのである。

第二に、私たちは子どもと会話し、交際することができる。世代を異にする者と会話する喜びは、人とのつきあいの大きな喜びの一つである。それは何かのため、業績や効率をねらった目的のための交際の喜びではない。交流そのものが喜びなのだ。

第三に、次の生命が傍らに在ることによって、大人たちは衰退と死を受け入れられる。子どものいない社会を想像すればわかるだろう。そこでは、死はあまりにも虚無的で冷たい。飢餓で亡んでいく少数民族の観察が、それを知らせている。生命のサイクルの実感こそが生活である。

私たち、大人たちと言ってきたが、親と言い換えても、社会と言い換えても同じである。果たして、この社会は、子どもたちから生きる喜びを得ているだろうか。絶対評価を教師に強いる教育行政の構えと、私が述べる交流の喜びと、どれほど違うか考えてほしい。

初出一覧

第Ⅰ章　『世界』（二〇〇二年一〇月号、岩波書店）
第Ⅱ章　『世界』（二〇〇三年七月号、岩波書店）
第Ⅴ章　『てら子屋』（Vol. 8、ヒューマンルネッサンス研究所、二〇〇六年六月）
第Ⅲ章と第Ⅳ章は、それぞれの裁判意見書を再編集したもの。

野田正彰

1944年，高知県生まれ．北海道大学医学部卒業．長浜赤十字病院精神科部長，神戸市外国語大学教授などを経て，現在は関西学院大学教授．専攻は比較文化精神医学．おもな著書に『コンピュータ新人類の研究』(文藝春秋，大宅壮一ノンフィクション賞)，『喪の途上にて』(岩波書店，講談社ノンフィクション賞)，『紊乱のロシア』(小学館)，『庭園に死す』(春秋社)，『災害救援』(岩波新書)，『わが街 東灘区森南町の人々』(文藝春秋)，『戦争と罪責』(岩波書店)，『気分の社会のなかで』(中央公論新社)，『国家に病む人びと』(同)，『犯罪と精神医療』(岩波現代文庫)，『させられる教育』(岩波書店)，『陳真』(同)，『背後にある思考』(みすず書房)，『共感する力』(同)，『なぜ怒らないのか』(同)，『砂漠の思想』(同)，『この社会の歪みについて』(ユビキタスタジオ)などがある．

子どもが見ている背中——良心と抵抗の教育

2006年10月13日　第1刷発行

著　者　野田正彰《のだまさあき》

発行者　山口昭男

発行所　株式会社 岩波書店
〒101-8002 東京都千代田区一ツ橋 2-5-5
電話案内 03-5210-4000
http://www.iwanami.co.jp/

印刷・三秀舎　カバー・半七印刷　製本・牧製本

ISBN 4-00-022869-2　　Printed in Japan